華德福 簡單教養 練習書

THE SOUL OF DISCIPLINE

初版書名為《簡單教養經》、二版書名為《華德福慢養教育》

金·約翰·培恩Kim John Payne——著

舒靈——譯

將本書獻給我最親愛的父母，

謝謝你們為家人帶來愛與歡笑。

目　錄

孩子能理解父母是否真誠的讚美他們

過度讚美造成的教養問題

過度讚美對孩子造成的十種阻礙

用安靜的陪伴與關注，取代「過度讚美」

站穩自己的立場，就是最有效的教養法則

降低外界壓力，讓孩子發展復原力

給孩子平衡、簡化的家庭生活，就能解決你的教養難題

3C產品大大降低了父母對孩子的影響力

3C產品如何減弱父母對孩子的教養權力

從3C產品對人際關係的影響，理解是否該讓孩子使用

情緒控制、同理心，才是人際關係的重要根本

3C產品讓孩子進入逃避寂寞的惡性循環

網路行銷手法，將父母塑造成「愚蠢」代名詞

完全不節制的網路世界，變成了孩子情緒習慣主要影響者

3C產品，反而加強孩子「反擊、退縮」原始大腦模式

太小讓孩子接觸3C產品，會破壞孩子正常發展軌跡

孩子的心智，還無法與快速傳播、殘酷的3C產品抗衡

孩子沒有能力，選擇對自身發展最有利的情況

粗魯無禮的媒體訊息，不斷影響孩子自身行為

引導孩子之前，必須與他們建立情感上的連結

電視節目中對於父母的荒謬描述，並不適合孩子觀賞

當父母的地位被破壞殆盡，只會讓孩子更加徬徨無助

理解你對3C產品的擔憂，才能真正改變家庭對3C產品的規則

少用或不用3C產品，反而能加強家庭價值觀

減少3C產品的影響，能讓父母對自己的教養更有自信

緊密、穩定的家庭狀態，才能讓孩子擁有穩定的情緒　自序

擔任學校和家庭諮詢師超過三十年，我從未遇過「真正不聽話」的孩子，只有不知所措的孩子。當父母未提供明確的界限與規範時，他們會變得難以管教、不聽話，覺得沒有安全感、焦躁不安；父母則因此感到挫折和困惑。孩子察覺到我們的不知所措，更容易迷失方向，教養也陷入惡性循環。

身為兩個青少年的父親，我並不完美，因此很清楚父母碰到棘手問題時的感受。為了防止情緒不斷墜落，父母會想抓住任何可以解決情況的事物：有些父母認為，可以從專家的建議中找到一次見效的方法；而有些專家則認為：我們必須貫徹某一種教養方式。

我很懷疑這種教養方式的成效。不管哪一種方式，最後都會被「困住」。父母無法有效執行單一、僵化的管教方式，因為孩子不斷在成長，情緒也同樣頻繁的在改變。

自從《簡單父母經》（琉璃光出版社）出版後，全世界都在改變。無數父母證實了「放慢速度」和「簡化家庭生活」的價值，同樣的理念也適用在管教方面，例如：當青少年對父母大叫：「別把我當孩子看！」時，總讓我們驚慌失措。我們或許低估了孩子的能力，但孩子也可能高估了自己的實力。當下，我們可以適切的指引孩子，但最困難的是，父母如何知道管教方式是否正確呢？

《簡單父母經》續集《華德福簡單教養練習書》將會探討這類問題。對我來說，當教養變得複雜或不明確時，管教的重點是在情緒上「抓緊」他們。除此之外，當孩子做得很好時，我們可以改用柔性的方式，取代溫和、堅定的擁抱。在孩子身旁，父母能利用直覺判斷該用哪種教養方式。本書將探討如何讓直覺成為實用又有創意的工具，並應用在親切、沉穩的方法上；當孩子遭遇困難時，充分支持並照顧他們的需要。

教養三階段：根據孩子的情況，給予適當的教養

《華德福簡單教養練習書》由「監督者→栽培者→引導者」構成，依序建立彼此的關係，父母可以適當調整，以便回應各種艱難的管教狀況。以下是教養三階段的簡要概述：

・**監督者**：監管孩子早期階段。幫孩子建立安全感、控制衝動、了解誰是做主的人，以便學會服從。為下個階段打好基礎……

・**栽培者**：應用在前青春期階段，鼓勵孩子了解他是家中的一分子。父母仍然負責監管，但需要傾聽孩子對事情的看法與計畫，並自然的導向下一個階段……

・**引導者**：監管青少年。父母知道孩子未來的道路，傾聽並跟孩子一起計畫，是達成目標、期望和夢想的最佳途徑。

「監督者→栽培者→引導者」是教養必經的三階段，但是我們也可以視為支持孩子特定需求的三個階段，非關年齡。這些階段為：

・**基礎（監督者原則）**：如何打好寬廣又深遠的基礎，就是幫助各年齡層的孩子控制衝動、遵從要求和守規矩。教導孩子控制自我意志，避免成為問題。若基礎建立好，便可引導至下一階段……

・**中期（栽培者原則）**：建立好控制衝動的基礎後，孩子會懂得團隊合作，做計畫時也會考慮到家中成員。這個階段是幫孩子發展同理心、了解他人感受，並強化人際關係。若中期建立完成，可繼續進行下一階段……

・**高階（引導者原則）**：當孩子學會接受規範，並能了解家中其他成員也有需要時，孩子會做出正確的選擇，這時要鼓勵並引導方向。

如果孩子的情況已經失控，該怎麼辦？

如果青少年不接受監督者或引導者的管教，這些紀律原則怎能給我們實質上的幫助呢？舉例來說，孩子想要自己做重大決定，但又不尊重他人、不肯接受父母好意幫忙時，該怎麼辦？答案是：「回到監督者原則。」幫助他們了解自由是選擇而不是權力。孩子需要父母轉換管教角色，否則會完全失控。**孩子需要生活在較小、較**

緊密的「家庭狀態」，當孩子了解：誰才是掌權者、懂得照顧其他家庭成員的需求時，才能有自己做主的空間。這樣做不討喜，但父母會更快樂、理智又踏實，更重要的是，孩子會在自由和責任間處事。他們必須，也可以自行處理事情，避免父母對尚未準備好的孩子期望過高。

調整管教和支持的方式，讓孩子回歸安定的狀態

教養三階段也能應用在日常。有位母親寫道：「我跟13歲女兒相處得很和諧，可是她突然變得不可理喻，甚至持續好幾天。以前我只會任由情況惡化，不知所措。『堅持要孩子做出更好的選擇』看似合理，可是對當時的她來說，就是做不到。於是我收緊掌控，花一小時或一天回到基礎原則，用監督者方式處理，頂多兩天就能改善，也會考慮家人的感受。」

本書的目的是要讓父母釐清，在成長各階段找到適當的管教方式。本書不會讓你覺得非得照做不可，或者：「糟了！我都做錯了。」孩子需要我們成為家庭的領導者，而不是只會遵從書中學來的處方籤，不管那些忠告多好都不該盲從。任何一本教養專家寫的書都應該附帶警語：「這個忠告可能會傷害到你的自尊，使你過度依賴專家，並虛化家庭的領導權。」

如何閱讀本書？

本書分成五部。第一部著重在教養藍圖，先檢視孩子為什麼會不聽話，也會闡述父母如何溫和堅定的教養孩子。最重要的是良好的管教如何增進我們和孩子的關係，不用怕擔任監督者會與孩子疏遠。

第二、三部將會深入探討之前概述過的三種父母角色。第二部描述監督者的角色，因為這是建立其他角色的基礎。這部分會解釋聽話的五大要點，如何順利轉換情境、如何從要求轉換到指示、如何避免孩子打斷成人的對話，讓他更有禮、尊重他人。

第四部幾乎回答了每個父母都會問的：「我是不是搞砸了？」還有：「現在改變會太遲嗎？」這兩個問題的答案都是否定的。這一部會提供所有教養狀況適用的方

式，父母也會逐漸清楚孩子在每個發展階段所需的教養模式。

最後，第五部會檢視過去的教養方式為何會瓦解父母的權威、減少與孩子的交流。其中一章會討論在快節奏的生活中，簡化和平衡將如何改善親子關係並減少爭吵。還會探討「3C時代的教養方式」，並分析網路媒體對父母權威、親子關係的影響。

教養是一場緩慢，長久的學習

在生命中，亙古定理通常既深奧又簡單，想要達到這種境界需要時間和毅力。過去三十年，在我帶領的幾百個工作坊中，如何適時調整教養方式以配合孩子的不同階段一直縈繞在腦海中。在我手中滾動的，原本是顆有稜有角的石頭，現已熟悉圓潤；這塊石頭曾讓許多父母握過，並讓它在指尖滾過。透過所有人的努力，對教養方式如何建立親情的領悟，儼然成為一顆寶石。在書中，我想為許多有愛心、努力不懈的父母說幾句公道話，他們也鼓勵我分享教養心得。孩子很幸運，有願意花時間探索教養方式的父母，這便定義了家庭生活。祝你們閱讀愉快，並祝福你在教養的路上一帆風順！

規劃你的教養藍圖

壹、孩子是不聽話還是迷失自我？

　　我們常聽到「迷失自我」這個形容詞。但是，當這種情況發生在親近的人，或是公眾人物身上，我們才能了解迷失自我卻無人指引的夢魘。

　　沒有人喜歡迷失自我的感覺，人生中沒有比這更不安的事了，而孩子在迷失自我和不安時尤為脆弱。我們知道，在現今忙碌的世界中，隨時都有太多衝擊。現代小孩必須在一連串的影像、印象、思想、立場和衝突的資訊中航行，而這是我們小時候不太需要經歷的。老實說，現代孩子的兒童期，就像活在未正式宣告的戰爭中。**孩子必須面對太多事物，被迫快速成長。因此，迷失自我和強烈的焦慮變成常態，在家中和學校出現越來越多偏差行為。**

　　身為父母，我們總想在無情雜亂的電子聲中、忙亂焦慮的快速步調中，提供孩子安全的避風港。在這樣的氛圍之下，管教「不聽話」的孩子是非常嚴峻的挑戰。我們像是瞎子摸象，竭盡所能說對的話、做對的事。我們想教孩子分辨是非，其實是希望他們將來進入社會能獨當一面，在艱難的未來一帆風順。

當孩子不聽話時,其實已經迷失了方向

解決難以管教和火爆舉止的關鍵是「觀察」和「處理行為」。當我們了解「沒有不聽話的小孩,只有迷失自我的小孩」時,管教方式就會有重大改變。

這一章,我會釐清大家對「不聽話」的誤解。把孩子的惱人行為看成「在忙亂、困惑的時代中尋找方向」,我們不再是教官或危機處理專家,而是「監督者」、「栽培者」和「引導者」。

孩子出現偏差行為,是為了向父母尋求幫助

兒童、前青春期孩子和青少年會用幾種方式自我定位、解除壓力:閱讀、獨特的遊戲、聽故事、探索大自然、發展嗜好,或跟家人相處。這些活動會形成保護膜,用來對抗嚴酷的「現實」。孩子透過這層保護膜處理、消化所有好壞,以及生活中的瑣事。參與這類活動不只為了適應生活,也是建立復原力、發展自信心的方式。當他們在內心找到更重要、更安詳的地方時,就能放下並重整內在資源,建立「自我意識」與「自我定位」。當他們認清這兩點,就會感到安全、對未來有更清楚的方向。

但是,當生活中有太多事,孩子覺得難以負荷就會迷失自我,通常會觸發、惡化為偏差行為、抗拒外在的世界。不幸的是,他們抗拒的「外在」世界就是最親近的人。所以,我們必須了解,**孩子調皮搗蛋或不尊重他人並不是「不聽話」,而是想恢復舒適、明確方向的平衡。**

我稱此為「呼救原則」。正如潛水艇靠水底物體反彈聲波，藉此確認潛水艇在岩石或暗礁之間的位置來導航；孩子則用偏差行為發出呼救，他們會發牢騷、搞破壞或大哭大鬧，以便從父母身上尋求回應，幫助他們找回方向。他們用這樣的方式尋找自我定位、了解父母想要他們做什麼。換句話說，**孩子的行為遇上成人的反應，就是他們的導航系統。**

這個概念對教養來說很有幫助。某位父親告訴我：「了解孩子不是調皮搗蛋，只是迷失自我、向我發出呼救，這使我大為改觀。」「找出源頭並看清問題所在，比糾正孩子的行為更有效。」

身為兩個孩子的父親說：「當孩子變得焦慮、浮躁時，幾乎都是家庭生活有點忙亂的時候。」

理解孩子不聽話的成因，就能讓我們冷靜面對

當孩子不守規矩，父母自然會開始自我懷疑和自責，最引以為恥的就是：「是不是在教養過程中，我沒教好？」而最深的自責是覺得自己不夠格：「任何人都可以處理得比我好，我哪裡夠格？」

這種「替身症候群」就像《綠野仙蹤》裡的奧茲，自稱法力強大的巫師，其實是躲在幕後，渺小又毫無價值的小人物。**我們覺得自己沒準備好、沒有能力，在孩子最需要我們堅定指引方向時，卻迷失了自我。**就像沒有錨的船，迷失在「孩子沒做好是我的錯」的感覺裡，但卻是將自我懷疑和自我責備轉成憤怒，再加上責備的話語：「不准再這樣對我說話！」或是「馬上做，不然就試試看！」

每個教養專家都會耳提面命：「面對孩子的偏差行為時，我們要保持冷靜。」很好的忠告，對吧？可是，要怎麼做呢？除非找出「怎麼做」的方法，否則就會走向自責的惡性循環，讓身為父母的我

們無法保持冷靜。

當孩子的表現越惡劣，我們越需要表現出最好的一面。丹尼和蘇珊的故事就是很好的例子：

｜呼救原則：小佛的求救記號｜

我在華盛頓的教養工作坊認識了蘇珊。當時，她正疲於應付不聽話的兒子，於是我們一起探討偏差行為和迷失自我的不同。

「從那一刻起，我終於醒悟，也開始理解兒子小佛的惡劣行為，其實是迷失自我時的呼救。」她說：「了解這個教養觀念之前，我和先生丹尼很掙扎。我們用對待大人的方式面對小佛，認為他其實可以掌控自己的行為，以為他故意疲勞轟炸我們，卻造成各式各樣的衝突和難看的場面。跟4歲小孩爭奪主導權，聽起來有點瘋狂，但情況就是這樣。」

丹尼也無計可施：「我快氣炸了，當我越堅持小佛有能力控制自己，他就越失控。我現在了解他的行為不是『壞』，只是迫切需要幫助，但是當時的我只會跟他爭吵。他不是故意激怒我們，但我覺得他就是不尊重我，這讓我很火大。」

當蘇珊告訴丹尼「呼救原則」時，他們都覺得很有道理，也顛覆了過去對兒子的態度。「這個新觀念既可怕又充滿希望。」蘇珊說，「但迅速改變了小佛是故意激怒我們的想法。小佛情緒失控時，我們開始自問：『他需要什麼幫助才能找到方向？要怎樣幫助他？』花幾秒鐘思考，就可以避免直覺認定小佛是故意激怒我們，反而了解行為潛藏的訊號、更沉著看待問題，讓我們成為心目中的理想父母。」

雖然小佛還是會情緒失控、反抗，但蘇珊和丹尼很慶幸發生的頻率和強度都降到最低了。丹尼形容這樣的轉變：「我終於變回正常人，而不是跟4歲小孩爭吵的怪胎！」

當孩子故意調皮搗蛋時，呼救原則可否適用呢？答案是可以。孩子故意搗蛋也需要被引導，不管是有意還是無意，都是呼救的方式。

│ 想被關注的克萊兒 │

化名克萊兒的讀者寫信敘述她5歲時的經驗。克萊兒的母親原本是家庭主婦，後來決定回歸職場，開始上全天班。於是小克萊兒決定出外探險，她到離家四條巷子遠的廢棄倉庫探險，想像在廢物堆裡找到寶物。更糟的是，她還帶著3歲的妹妹。「我很清楚這樣違反爸媽的規定，」她說：「可是我還是照樣去冒險。」這時，有個看起來很嚇人的男人看到她們從廢棄倉庫走出來，他大喊：「小女孩，快回家去！」她們嚇得一路跑回家。當天下午，克萊兒的妹妹跟父母說了這件事，他們嚇壞了，從此以後都嚴密看緊兩個小孩。

回想當時的行為，克萊兒說：「我不確定這麼做是否跟媽媽去上班有關，但我猜，當時的確想得到他們的注意。我跟妹妹的探險引起了父母的關心，連待在院子裡也很注意，但我當然不會再犯了。」克萊兒的父母受到驚嚇後更關心她們，反而讓她又覺得「安全了」。故意不遵守規定顯然是「要求關注」和「自我定位」的行為。

遊戲，是孩子排解生活壓力的方式

只要仔細觀察孩子全心投入遊戲的狀態就會發現：孩子會透過遊戲把看到、聽到的事情做合理解釋。若全神貫注在遊戲中，孩子會感到安全、滿足。許多生活壓力也會顯現在遊戲中，透過遊戲理解，是孩子在內心尋找自我的方法。

五月，一個陽光普照的早上，我經過一群8歲小孩，無意間聽到他

們的跳繩兒歌，內容大概是這樣：

星期一足球

星期二親子團體

星期三芭蕾

星期四足球

星期五親子團體

星期六足球

星期天也不休息

　　這首兒歌讓我大吃一驚，看似天真無邪的兒歌，傳達出不只一、兩個小孩壓力過大和行程滿檔。每個小孩都有自己的跳繩兒歌，孩子匆忙的生活步調：音樂課、各種運動、課後輔導和家庭作業都反應在兒歌裡。我草草記下另一首兒歌：

星期一鋼琴

星期二游泳

星期三家教

星期四鋼琴

星期五游泳

星期六採購

每天都有作業，不能休息！（唱到這句，每個小孩都會大喊。）

輪流住在父親和母親家的小孩，唱得就更簡單了：

星期一是媽咪

星期二是爹地

星期三是媽咪

星期四是爹地

星期五是媽咪

星期六不知道是誰

星期天也許可以休息──呼！

有對夫妻告訴我，孩子看完小兒科後，開始玩醫生和護士的遊戲。但診所是忙亂的地方，所有職員都忙著應付工作，孩子吸收到的正是這種訊息。從診所回來後，孩子好幾天都在玩「診所遊戲」，他們會坐在大紙箱裡的「診所」好幾個小時，用細小的筆跡認真的在寫字板上填寫自己畫的各種表格，上面有很多需要打勾的小方格。隨後指示父母在用來當做窗戶的紙箱開口外等候，他們則假裝瘋狂接電話，並不時從自製的眼鏡中抬眼，故意用訓練有素又不耐煩的口吻問：「什麼事？」把夾板和筆交給父母，然後說：「請看完吸入療法的介紹，並回答每個問題！」這種遊戲會持續到孩子的壓力完全紓解。

性格不同的孩子，面對壓力呈現的狀況也不同

當緊湊的行程或焦慮讓孩子失去平衡時，原本討人喜愛的性格會突然變極端、惹惱父母，而變化的關鍵在於孩子的性格。外向的孩子會變成「領導者型」，情緒失衡時會變得霸道、愛支使別人；外向者的另一種「創意者型」在失衡的情況下，孩子可能會變得不專心，甚至歇斯底里。內向型的孩子常被形容為「脾氣溫和」，情緒失衡時就可能會變得固執死板；如果是內向者中的「直覺式型」，則可能變得過於敏感，表現出像是忙碌生活中的受害者。不管孩子內向或外向，受到壓力會以不同方式呈現。

有兩個小孩的單親媽媽莎菈問我：「該如何處理女兒的火爆脾氣。」「我13歲的女兒露西在外面喜歡當領導者，她擅長運動、勇敢，也不怕吃苦。但是，去年我們搬到另一個小鎮後，她變得不可理喻。我知道她有能力，所以絞盡腦汁想請她幫忙。可是她不但不幫忙，還很霸道固執，要求所有事情都要照她的方式做。本來，露西是

教養停看聽
外向者
· 領導者型：變得霸道和愛支配人。
· 創意者型：變得不專心和歇斯底里。
內向者
· 脾氣溫和：變得固執和死板。
· 直覺式型：變得過於敏感和感覺像受害者。

很顧家的大姊，也是我的左右手，她這樣反而加重我的負擔。」

我跟莎菈談到教養藍圖，還有孩子個性不同，處理壓力的方式也不同。

「我這才理解搬家讓露西壓力過大，她迷失了自我。」她說，「這個理論幫助我理解露西的行為模式。這是她天性的陰暗面，本來能幹的特質，現在卻成為阻礙。當我退一步想時，便深深同情露西的處境。她是個堅強的女孩，不願承認壓力過大，所以很難看出原因。至此之後，我見過好幾次類似的情況。但是，即使她表現出難搞的樣子，我也明白這是她需要媽媽幫忙找到情緒立足點的求救訊號。我開始學會幫助她，而不是情緒化。」

了解孩子的個性，還有被激發的反應，就能在教養的直覺中畫好藍圖、幫我們了解孩子的性格。關鍵在於父母的反應！**當孩子表現不佳時，其實正在大喊「我想要找到自我定位」。這時，我們必須用冷靜、令人安心的方式引導他們重新找到定位。**

 ## 發育中的改變，也會讓孩子感到不安

我們都知道孩子會經歷各種階段，不管是身體或是情緒，發育中的改變會讓孩子覺得不穩定，這樣的影響多少會顯現在行為上。每個階段會發展出孩子想要的自由，相對也會帶來責任。許多孩子期待能看到全新局面，但內心深處卻焦慮不安。在這個廣大又可怕的世界，提供地圖導航就是我們的責任。

孩子在2、5、9、13和16歲時會碰到重要的發展里程碑。發育中的改變讓孩子變得難搞，這並不是父母原諒的藉口，而是要了解孩子行為背後的脆弱與自我迷失。我們必須用愛包圍他們，就能讓他們在多變的世界中找回自我、感到安全。

教養停看聽

下面是各年齡層的簡述，以及情緒和行為表現：

兩歲：小皇帝

剛被周遭世界喚醒，發現自己的意志和情感跟不上能力。

5歲：「你沒資格管我！」

他們會推開母親的懷抱，想用自己的方式做事，但仍需要很多協助。

9歲：新里程的關口

剛脫離童年初期，但仍未完全進入中期，沒有安全感、愛反抗。

13歲：《湯姆歷險記》和《長襪皮皮》年代

正經歷荷爾蒙變化期，也是突破和發現新事物的年紀。

16歲：密集的重建自我

尋找自我時期，因此消耗許多內在能量。超級敏感且情緒鮮明，但是可能對別人的感覺極度遲鈍。這個時期他們需要做很多抉擇、承擔新的責任，但還是想玩樂和自由。

不論兒童、前青春期的孩子或青少年，若內在經歷過多轉變，情緒就會動盪不安，甚至會變得混亂。這種「超敏感階段」時期，孩子更需要我們。當孩子因內在轉變感到困惑時，他們會尋找，甚至要求父母幫忙找到自己的定位。

生活中的重大轉變會讓孩子迷失自我或躁動，例如搬家或轉學。但是，這樣的狀態通常是由一連串的小事累積而成，例如接小孩下課後要辦的日常瑣事：遲遲未去的採買，或是急著辦的事。這些事為什麼會讓孩子迷失方向呢？短程的車程會讓孩子煩躁不安、影響情緒。一開始，孩子可能會焦躁不安，經過一個下午後通常會更嚴重。對孩子來說，這種活動「起伏」太大、缺乏自在和安全感。最重要的是，孩子對我們的「瑣事」不感興趣。

我們需要辦完這些事，但是可不可以在接孩子前辦好呢？或是集中在兩天內把所有事辦好，而不是分散在上學日。我們可以攜帶美勞用具，讓孩子在車上或等待時可以畫畫。或是可以中途停下來，看看寵物店，或到公園散步一下再去辦事。

變通方法很多，但關鍵是「了解孩子在尋找自我」，日常生活中的一點小變化就會產生不同效果。如果這種小改變能讓孩子安定、轉移管教時的爭吵，就先停下來自問這兩個關鍵問題：

1. 什麼事情讓他們迷失自我，做出這種反應？

2. 怎樣才能恢復常態？

 ## 明確的家規也能幫孩子找到定位、恢復平靜

管教不該只有懲罰和糾正，而是建立家庭價值。明確的家規讓我們在管教時，更站得住腳。當我們告訴孩子：「在我們家，不能這樣說話，我們就是不能這樣。」能幫孩子安定，同時表達兩件事：首

先，沒有比明確、深刻的價值觀更能幫助孩子定位。其次，創造家庭價值觀的支柱，讓孩子能依此運行。我們在為孩子釐清：哪些事我們不會做、哪些不是我們應有的行為。

米開朗基羅所雕刻的大衛像太美、太驚人，又太完美了。許多人問：「怎麼有辦法將一塊石頭雕刻成大衛像。」米開朗基羅回答：「我其實不是在雕大衛像，而是拿掉不屬於大衛的部分。」換句話說，他不是在形塑雕像，而是把它顯現出來。米開朗基羅心中有一張藍圖，有了清楚的圖像後，只要把不屬於圖像的東西去除就好。

這個美妙隱喻也可以用來說明教養。就像米開朗基羅藉由去除多餘的大理石，讓蘊藏在內的美麗大衛像顯露。**父母藉由拿掉「不屬於我們家的部分」幫助孩子塑造、定義自我。**藉由澄清「我們家不做哪些事、不說哪些話」去除多餘的材料，讓孩子顯現出自我，也清楚說明家庭的核心價值。

為了在教養上更站得住腳，要用引導的管教方式而非懲罰，否則親子相處就會困在激烈、循環的爭鬥中。當管教跟懲罰並行時，我們會覺得是否太嚴厲，於是又轉換方式，變得猶豫不決。結果呢？**模糊的管教方式，無法清楚表達父母對孩子的期望。**於是，**當孩子不遵守規矩或要求時**（因為不清楚自己的規矩或要求，我們一開始就沒有界定明確的規則），**我們反應過度，變得過於嚴厲；孩子也反應過度，使我們進入「怪獸家長」模式。**

我們必須把管教看成引導，或「去除不屬於我們家的部分」，而不用懲罰當成教養的互動方式。我輔導過的一位父親說：「了解這點之後，一切都改變了。管教孩子時，我不再因為不想懲罰或太嚴厲而退縮，感覺很自在。」如果孩子用很難聽的話罵人，或對兄弟姊妹做出不該做的事，就要糾正並引導他回到正軌。這樣的管教方式就能真正顯現家庭的價值。

「思考家庭的核心價值」看似遙不可及，卻很簡單。找出一、兩

教養停看聽
你希望孩子了解、接受哪些家庭核心價值？

個重要的價值觀就是好的開始，例如：尊重他人或將心比心。每當孩子不尊重你、不尊重兄弟姊妹，或不尊重外人時，我們以此為最高指導原則，並且不斷回到這個核心價值。當孩子有不當行為，不能在事態嚴重時才制止，而是一開始就要糾正。

「別斤斤計較」這句話並不適用於教養。教養就是要冷靜、沉著的注意細節並即時糾正。「每件大事都是由小事開始」，我們不需要像神經病般叨唸不休，而是要播下教養的種子。**當孩子越界或偏離核心家庭價值觀時，孩子最需要也最重要的是：時時刻刻引導他們回到正軌。**

當孩子反抗我們、家庭價值觀受到挑戰時，最重要的是用堅定明確的態度來糾正。這樣能達到兩種效果：

1. 立刻幫孩子重新定位。

2. 加強核心家庭價值觀。

稍後我會在各個章節中詳述，並檢視這個概念，用實際例子來引導、研究「這個階段和年齡的孩子適合什麼？」現在，我們先來看看宏觀的教養藍圖。

孩子反抗父母的管教，其實是內在與外在有過大的衝突

平衡和反抗是一項重要的原則。簡單來說，反抗是因為孩子的內在和外在世界起了衝突、不平衡的力量。若外界對孩子的要求、印象使內在世界不堪負荷，孩子就會吵鬧或抗拒。

下頁的圖解代表：孩子纖細的內在世界與外在世界的交會點。

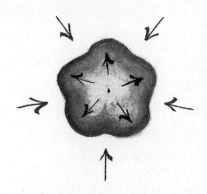

　　內在世界有孩子的希望和夢想、即將形成的獨特性格，以及外界的壓力和要求。

　　向內指的箭頭代表外在世界的所有事物。舉例來說，每個家庭都有一堆瑣碎又不間斷的事件，像是購物、看醫生，或只是坐在汽車裡。我們有親子共學、功課、各式各樣的社交活動和運動；有些家庭會送孩子去托兒所，所以還有學校或家庭作業。這些事情就是向內指的箭頭，它們指向圖表中心，代表外界壓力。這些都是跟社會、外在世界有關的一般家庭生活。

　　孩子寶貴的內心世界，在自我人格形成的這幾年慢慢顯現。當孩子逐漸成長時，內心世界會越來越強大，發展出自我人格、自信心和理解力。內在世界的力量開始跟外在世界接觸。上圖中，向外的箭頭就是代表這些力量，例如創新的遊戲。這些能力在跟家人相處和接觸大自然時發展、強化。

　　內、外在世界相互交流，產生細膩而強大的影響力。若孩子健全發展，內、外在世界的交會點就會形成有如蠶繭般的保護膜，在孩子內心世界產生相應的能力和精力，處理外界要求（例如日常活動）。

　　這層保護膜隔開內、外在世界。當兩種「力量」得以平衡時

（「休息時間」和「與外界接觸時間」能夠平衡），就會讓孩子靈活、有彈性，且能夠迅速恢復精力。這時，就會產生很特別的東西：迅速萌芽的自信心、自我認知和對人生方向的明確認知，這些特質會發展出鮮明、活躍，且多元的個性。

當內、外在世界力量不平衡時，就會出現反抗行為。讓我們看看下面的圖示，一般來說，當外界力量太過強大，孩子無法招架時，就會反抗。

我擔任某間學校的輔導老師時，某天，化名喬許的青少年躺在我的辦公室沙發上，用我準備軟化孩子的格子薄被裹住自己，繃著臉、盯著老舊的地板。

「喬許，怎麼啦？」我問。

「唉，我好像什麼事都做不好，」他惱怒的說：「今天早上又遲到了，又得去辦公室拿遲到單、上一堆課、應付一堆考試，整個下午還得待在我媽的車子裡，跟著她到處跑。作業好多，到午夜也只能完成一半……」當他滔滔不絕抱怨一堆壓力和麻煩時，我看出喬許正承受嚴重的「靈魂灼燒」。

喬許覺得所有的事都針對他，是孩子「情緒難以負荷」的情況。情緒爆發時被老師叫去訓話、懲罰，讓喬許覺得老師在對他人身攻擊。發火是因為他已經無法承受，而懲罰只是在眾多壓力中又增加一

項。我問他：是否覺得好像整個世界都在擠壓他。

「你只是想阻擋這些壓力，但大人反而認為你行為不良？」我說。這位高大健壯的大男生突然淚如泉湧。「沒錯，」他說，「就是這樣。我不是故意惹麻煩，只是想保護自己。」當愛護、關心喬許的人跟他一起想出解決辦法後，喬許的行為獲得了明顯改善。這個年紀的男孩也可以坦率說出內心話，喬許表示：「如果你尊重我，我就會尊重你。」我發現，了解才是根本之道。當他壓力過大時，旁人不但不尊重，甚至還不經意的增加壓力。多年的觀察讓我發現這個行為模式：**壓力過大時，孩子不會做出理性思考或合理的歸納，反而當作人身攻擊，於是反擊造成壓力的人——也就是我們。**

當我們了解到孩子面臨的壓力、詢問對這些壓力的看法時，可能會得到有趣、真情的回答：孩子不想搞怪，只是反擊。身為父母的我們可能會認為他們「長歪了」，但事實上，他們正苦於不平衡的生活。孩子的內在世界承受太多壓力，外界要求太多，就會讓剛萌芽、纖細的內在自我崩壞。

了解發生了什麼事情很重要，若孩子內在世界崩壞，自信心會嚴重衰退，覺得自己無法勝任任何事。對孩子來說（不論兒童、前青春期的孩子、青少年）缺乏自信會產生兩種顯著反應：

・反擊

若內、外在世界長期不平衡，第一反應是頑強的反擊。

・退縮

外在世界不斷抨擊、襲擊他們，讓孩子難以招架。就算反擊也無法阻擋外來壓力時，就會退縮、防衛性很強，家人和外在世界都難以接近。許多人會躲到相對安全、隱密的網路世界中，發展虛擬關係。透過社交媒體建立的關係讓孩子誤以為自己能控制互動，容易吸

引壓力過大的青少年。當孩子持續受到壓力和遭遇難以負荷的情況時，容易有嚴重的心理問題，像是憂鬱、成癮，甚至與社會脫節。

在情緒上，若孩子能應付日常生活的要求，情況就會不同：當內在（或情緒）世界得以跟外在世界平衡，就能發展並強化「情緒復原力」。

下面三個重要原則能幫助、支持成長中需要面對的日常生活：

1.安定和自我定位

當珍貴的內在自我接收到外來的力量，孩子會溫和、緩慢的發展內在自我，用以面對、處理外來壓力，於是小男孩或小女孩的核心自我就得以定位，形成在逆境中能夠支持情緒的支柱，協助孩子保持愉快和冷靜。

2.均衡與平衡

若能保持均衡與平衡，孩子就可以感受到：內心力量足以應對外界的要求。

3.安全和安心

當自我能力與外界要求達到平衡時，孩子會覺得自己可以信任周圍環境、信任身邊的大人，感到安全和安心。

我們都希望孩子能安定、平衡和安全，沒有人會想在開啟新的一天時，面對失衡或迷失自我的感覺。但是，這種事在所難免，因為我們是孩子的司機和行程規畫者、要求孩子付出時間的人（當然，用意都是良好的），但是這些要求卻造成孩子不同程度的壓力，讓他們不得不竭力適應。我們是這些「發育中的靈魂」最親近的人，於是成為孩子發洩的對象、抱怨、責難和惡劣行為的受氣包。在某些家庭中，有些人甚至說：「孩子把父母當成敵人而不是保護者。」

被外在世界圍攻的孩子，就會用「反抗」來保護自我

　　當孩子迷失自我時容易害怕、內在不堪負荷外在壓力，但是原因可能有一大串：太多玩具和書本、太多校外活動和運動、太多親子團體活動、花太多時間看電視和玩電腦、接收太多成人資訊。這些外在壓力不斷擠壓，就會破壞保護孩子情緒復原力、強化、發展性格的蠶繭，也就是分隔內、外在世界的保護膜。**當孩子感受到無法應付的危險時，就會退縮、猛烈反擊或反抗。**

　　負責轉換「反擊、退縮」的交感神經和控制放鬆的副交感神經，就會產生細微的舞動。就像拔河，兩邊握緊手中的繩子，同時維持與對方相反的微妙力量。每當有事情困擾、威脅我們時，反擊、退縮和放鬆反應會精細調整，巧妙的取得平衡。

　　平衡大腦拔河隊的是荷爾蒙。「荷爾蒙」源自希臘文，意思是「啟動」，這也是荷爾蒙的唯一作用。荷爾蒙是內分泌產生的化學傳輸系統，某些壓力下，荷爾蒙不知道該何時停止拉拔，就會產生各種偏差行為。若長時間在腦中釋放荷爾蒙，可能會傷害，甚至殺死儲存知識、記憶和開啟學習新知的海馬體。

　　父母應該特別注意孩子是否有過度的「反擊、退縮」機制。讓孩子有平衡的一天包含許多解壓方式，例如：玩遊戲、閱讀、聽故事、聽音樂和休息會啟動放鬆反應，重新建立大腦專家所說的代謝平衡。經過充滿壓力的一天之後，若孩子能夠舒壓，就能減緩親子間的爭執，也能和緩孩子的嚴肅和固執。

　　幸好，現在大部分的家長都知道打小孩不好。但是打過小孩的人就會發現，孩子可能會表現出反抗或毫無悔意兩種態度，這跟「反

擊、退縮」反應有關。孩子被打的時後，身體會釋放腎上腺素、關閉疼痛處理中心。這不完全是孩子不聽話，而是身心進入過熱反應，準備接收被身體解讀為生命威脅的情況。「求生記憶」的開關被啟動，孩子對這次事件的記憶比想像中更久，就算很快恢復，孩子也會對父母提高警覺。反對打小孩者也表示：「怒吼也會讓孩子啟動荷爾蒙反應。」在許多家庭中，吼罵會取代責打，但長久來看同樣令人憂心。

一對夫婦談到4歲兒子有情緒失控問題。這對夫妻形容孩子發脾氣時的恐怖狀況：又踢又打，還會咬他們。表面看來，孩子顯然處在情緒失控中；但從內在看來，則是神經系統短路了。孩子的行為在告訴父母：「夠了！我再也受不了外界對我的要求了！我需要安靜的生活，需要更多的規律，我受不了這麼多事情在我身邊打轉！」**任何孩子發脾氣都可以用這幾個字總結：身邊發生太多事情了。**

「孩子無時無刻都在跟我們吵架。」疲憊至極的父親說：「這種情況要到何年何月才會結束？」我能理解他們擔心兒子心理不健全。答案很簡單，但卻讓他們很意外：「當孩子不再把你們當作敵人，不再覺得需要反抗你們才能生存時，這種情況就會結束。你們要減少親子團體、看電視和成人對話的時間，因為無意中聽到大人間的談話讓他焦躁不安，只要減少這些事情就能改善他的脾氣，孩子才會把你們看成默默保護他的人，成為孩子安全的避風港。」

幾週後，當這對夫妻簡化孩子的生活、減少可能造成孩子壓力的事情，情況有了改善。瘋狂魯莽的行為逐漸減少、發脾氣的時間縮短，次數也降低了。小男孩仍然會反抗，但比較沒那麼頻繁了。

「他仍然會測試我們，但不會用以前那樣驚人的方式反抗了。」孩子的母親說。

憤怒與衝突，只會讓親子關係走向惡性循環

當孩子變得固執、滿臉不高興、用敷衍的方式挑釁我們時，確實讓人生氣。孩子不尊重我們時，得盡量保持理智。有位氣憤的父親提到兒子時說：「他就像不沾鍋，無論我說什麼，都無法沾黏、影響他。這讓我很生氣，真的很生氣。」

我們都了解這樣的心情：孩子犯了規，父母告誡以後不要再犯。結果孩子還是一而再，再而三的犯錯，讓我們很生氣。孩子築起高牆保護自己、敷衍父母，於是父母就大發脾氣。這是很普遍的家庭場景，但是若變成慣性，就可能轉變成具有殺傷力的惡性循環：孩子在逃避，父母也在逃避，全家人都被腎上腺素荷爾蒙── 皮質醇淹沒。這種情況被羅馬人稱為「districtia」，也就是「分裂瓦解」的意思。當壓力滿載時，全家人就像要四分五裂了。

 ## 過濾掉不適合的生活事物，就能讓孩子有健全的大腦

孩子需要健全發展的大腦額葉才能符合我們的期待 ── 接受管教。**若是父母可以當個安靜、沉穩的守門員或守衛，過濾掉不適合孩子的生活事物，大腦額葉發育就會更完整。**良好的守門員，會對宣稱適合兒童的商品抱持合理的懷疑態度、仔細確認商品的材質後，才會讓孩子接觸。跟隨「時下小孩都在做的事」，短期內似乎比較簡單，但是許多玩具、電視節目和活動可能過度色情、含有過多的敵意，甚至有暴力畫面或行為出現，非常不適合這個年齡層的兒童。大

腦對這類題材的反應，是把這類活動從同理心發育區轉到杏仁體或反動區，使溝通變得困難。

如果孩子的大腦額葉發育成熟，通常父母就能夠引導且不會碰到嚴重反抗。這種情況下，孩子覺得生活安全、凡事都可以預料。父母要監督孩子身邊的事物，同時堅守核心價值，才能當個優秀的守門員。堅守立場和管教方式，能建立出更進化的大腦中心，有效取代親子間容易陷入的「求生惡性循環」，變得更安定、更有活力。充滿安全和關愛的家庭，生活會順暢許多。

最能證明大腦科學影響孩子教養和管教方式，是腦神經教育學家狄克特博士（Dr. Dee Joy Coulter）的著作《原始的心：發掘你天生的才智》（*Original Mind: Uncovering Your Natural Brilliance*，無繁體中文譯本），比較了「壓力反應」（杏仁體）和「復原力反應」（大腦額葉，也稱為「大腦總指揮」）。

一起來看下方對大腦額葉處理區塊的解釋，當中也舉出一些實例，以便與教養連結。

· **處理意志和啟動自主行為**：孩子能安定的玩好幾個小時，並且願意參與、解決問題。

· **調節內在語言、衝動控制、理智思考和創意語言活動**：孩子能解決內在問題、藉著自我對話處理父母的指示，或是用自己的方式合理化可能混淆的事物。應用並吸收父母的引導，不必再三解釋。

· **保持警覺和專注**：教導孩子的時候，孩子更能專注。

· **忙碌時負責協調**：加強處理情境轉換能力，不至於情緒失控。

· **監視並處理複雜的事情**：能看清為什麼有這些爭論，而不是以自我解讀的方式防衛。

· **多工處理**：了解父母的要求，同時理解該怎麼做。

· **預先設想、計畫和預知結果**：能避免衝突和容易遭受處罰的事

情，因為孩子知道不改變計畫會造成什麼後果。

· **唯一能覺察身心聯結的區塊：**能避免無法理解的衝動行事。

· **直接影響所有最佳表現：**在玩樂、做功課時，尤其在社交關係上，孩子能夠進入並保持在創造力區域裡。

· **產生慈悲、同理心、親密社交關係和情感連結：**在引導和教養中占很大的分量。孩子能理解自己的行為會影響到他人、跟兄弟姊妹發展出更良好的關係，最重要的是對父母打開心房，透過我們了解身邊的廣大世界。

　　孩子有安全感、信任內心情緒和周遭環境，就是成長的沃土。當孩子感覺到周遭世界是友善，而非充滿敵意；可以預料，而非分裂，掌控創造力的大腦總指揮就會脫離強勢的求生本能模式，也就是「反擊、退縮」。在第五章，你會找到詳細、容易應用的方法，簡化孩子的生活、為孩子帶來平衡感，也能幫助我們，在發展孩子額葉能力跨出重大的一步。

當孩子被情緒淹沒時，可能會將父母的引導視為威脅

　　也就是說，孩子遇到太多事情，可能會產生「反擊、退縮」反應：太多目標、太多噪音、太多令人分心的事物、太多要求。於是他們被情緒淹沒、無法自我調節。當孩子有能力處理他人要求時，較受大腦額葉指揮。下頁表格是狄克特博士比較「淹沒」和「復原力」，以及每種情況可能的樣貌。復原力強的孩子能接受引導，被訓誡也不會大肆吵鬧。被情緒淹沒的孩子很可能把管教和引導看成威脅，對一般要求呈現誇張反應。

比較情緒淹沒與情緒復原力反應

具情緒復原力的反應	被情緒淹沒的反應
1. 能用不同以往的反應來面對所有情況。	1. 依習慣反應，不斷重複舊有的模式。
2. 脫離當下情況，回到放鬆和警覺的狀態。	2. 事件發生前後保持些微警戒心；對正在發生的事件提升到最高警戒。
3. 享受新事物，對平常事物也能產生興趣。	3. 容易被新奇的事物嚇到，只對刺激的事感興趣。
4. 能融入社交生活，享受友情、玩樂和幽默。	4. 社交孤立、固有行為、迴避玩樂，無法產生幽默感，或無法回應。
5. 能接受正面評價。	5. 拒絕別人的讚美，經常把成功看成失敗、僥倖或做得不夠好。
6. 能包容負面事件。以時間來說：這件事只發生在現在；以空間來說：這件事只會影響生活中的這個部分，不會影響所有的事情。	6. 誇大負面事件的影響力。以時間來說：這件事會一直持續；以空間來說：它會影響整個人生，擴及所有的事情。

貳、根據孩子的成長過程，提供靈活、彈性的三階段教養原則

去年夏天，我和妻子凱瑟琳，還有正處於青春期的兩個孩子騎摩托車橫跨美國。途中的景色多半是漫長、蜿蜒的山坡，不時會有突起、引人注意的平原或護欄出現又消失。當我們爬上蜿蜒的一號高速公路，從加州中部騎向奧勒岡州時，眼前美麗又狹窄的道路迷住了我們。這條公路經常蜿蜒到高處的懸崖邊，往下方一瞄，就會看見海灘和幾百英呎長、翻湧的潮水。

吹著微風的夏夜，我們坐在營火旁，大女兒問：「為什麼靠近懸崖峭壁的地方常常沒有護欄？」她覺得很奇怪。

「這不是很好笑嗎？」她說，「有的護欄很蠢，看起來像是懸掛在溪流或峽谷上方；有的護欄讓你覺得安全；有的地方會讓你擔心沒有護欄很危險？」

女兒說得有道理，凱瑟琳和我相視而笑。

這趟旅途中，我們對築牆的人充滿驚嘆。他們建造護欄和圍牆時，通常是筆直穿越起伏的山丘、山谷的坑地和蜿蜒的區域，不太注意或毫不在意土地的結構。

看到這些懸浮在懸崖和溪谷上的護欄，讓我們忍不住想笑。這也讓我想到親子間的互動，我們在親子關係中建造許多不同形式的圍牆和護欄，但經常是雜亂交錯，也很不精確。

然而，界限會包含這個區域的一切事物，隨著地形改變給予定義，卻不需嚴格界定。就像大型地圖會註明邊界，卻不會標明護欄和圍牆。即使是無形的，邊界仍比圍牆更重要。在家庭中，界限也會塑造並重新定義親子關係的結構。

　　對圍牆、護欄和界限的冥思，不管是物質上或家庭上都讓我想到羅伯特·佛洛斯特（註：Robert Frost，美國詩人，曾四度獲得普立茲獎）在他著名的詩〈修牆〉中寫到：「圍牆建得好，鄰居處得好。」我們是不是也可以說：「界限定得好，家人處得好？」

　　困難在於：大多父母都同意孩子需要界限，但卻擔心孩子可能被圍牆圈住，父母反而被阻隔在外。我必須坦承，我不太喜歡在親子關係中有圍牆。我們想跟孩子一起玩樂、親近、友愛，在親子間築起圍牆就是覺得不對勁。因此，許多父母會特別排斥，甚至拒絕用界限規範孩子。但是，**界限跟圍牆不同，圍牆是固定、持久的，而生活中的界限始終都在變化、成長、適應，然後改變。**

 ## 界限可以給孩子安全感，圍牆則會阻隔親子關係

　　我們來看一下父母在教養各個階段所扮演的角色，應如何建立溫馨、明確且彈性的界限，簡化教養旅程。

適當的界限可以幫助孩子產生安全感

　　「快速回應」是得知孩子需求會不斷變動的必要條件。簡單來說，**最有效的規矩是能堅定、靈敏、有彈性。**不過於寬容，又不過於嚴苛的規範能讓父母跟孩子找到明確的方向。界定規範能幫助孩子產生安全感，表面上，孩子可能不太喜歡，但內心會覺得安全，因為他知道立足點在哪裡。

當孩子接觸到無法處理的領域，就會產生難搞行為

如果界限太模糊或定義不清，孩子容易越線到無法處理的領域。「沒有界限」看似很好，但是卻讓孩子覺得不安和迷失自我。如第一章所說，迷失自我會導致「傳呼反應」——為了得到父母回應，孩子會有一連串的難搞行為。若是家庭界限清楚，就不會有這樣激烈的反應。

家庭界限不清楚時，孩子可能會接觸到沒有能力處理的事物。例如：家中沒有明確的網路使用規則，導致孩子接觸到色情和兒童不宜內容。令人憂心的是，即使父母知道界限不明確的風險，在世界各地仍常有所聞。

界限必須靈活、有彈性，隨著孩子當下狀況調整

簡單有效的教養，關鍵在於靈活、有彈性，本書再三強調界限會隨孩子成長改變。請記住，**界限會隨著兒童、前青春期的孩子和青少年特定的需要而調整。重要的是定義我們的家庭，而不是建造分隔親子間的牆。**

當家中老大年齡稍長，有更多自主能力卻陷入崩潰時，這種彈性也能解救我們。我們可以調整或收緊保護圈，等危機減弱後再讓他們嘗試。

我曾經跟某位母親討論到：圍牆和界限的差異。原先，她跟兩個孩子對於服從權威有歧異，她後來寫了一封感人、自省信給我：

跟您談話過後的幾個星期，我思考許多，最大的領悟是：我對教養的態度，其實跟孩子無關，而是跟自己的童年經驗有關。

小時候，我的父母管得太嚴。我們家是很虔誠的教徒，上帝似乎總是站在他們那邊，讓我難以反駁。我經常感到挫折、沒有人可以傾聽，而且很孤獨。離家之後，我就很排斥宗教。有了自己的小孩後，我拒絕幫孩子設定界限，因為我不想約束他們。這樣很合理，對

吧？

後來，有件事喚醒了我，因為父母是「築牆者」，我強烈反對覺得會圈住我或孩子的圍牆。多年以來，我疏遠孩子朋友的父母，尤其是學校老師，並說服自己「我在為他們的自由而戰」。直到現在才明白，這樣的行為反而讓孩子狂野、難以捉摸，而且常常沒禮貌。我想給他們自由，但並不是這些性格。也許，我不想和自己的父母一樣，卻錯把合理的界限看成傷人的圍牆。

我盡量不讓尷尬或羞愧淹沒我，因為對我或孩子來說，沒有幫助。可是，我的老天，以前的我怎麼這麼確定老師是錯的？我花了一段時間才學會調整自己，但我一定會跟老師合作、設立界限，在家裡也要建立規矩。現在，我能分辨自己是在築圍牆，還是設立良好界限。

祝我好運！

W 敬上

發展孩子的內在語言能力，學會調節情緒與衝動行為

做重大抉擇時，我們或許會利用散步或靜靜的坐在自己喜愛的椅子上，把注意力集中在內心世界，試著跟內在聲音取得聯繫、解決事情。這樣的內在語言能幫助調節情緒和衝動行為。當我們有足夠的時間、空間跟自己對談（或跟內在對話）時，難題通常迎刃而解，好像又能自由呼吸了。我們會找到空氣更清新、更純淨的置高點，清楚看見生活的樣貌。

隨著成長，孩子會慢慢發展內在對話來引導自己。父母若能了解這種過程，就能更清楚孩子怪異、令人挫折，甚至美好行為的含

義。3歲男孩的母親說得很好：「當我了解內在對話能平衡衝動行為、明白兒子在這個年紀，衝動大過內在對話，就讓我改觀了。冷靜下來後，我就能理解，孩子發脾氣並不是愛吵架或不聽話。」

內在對話有既定的發展程序，大腦會經歷三大階段。這三大階段也呼應本書的教養三階段。接下來，讓我們更深入探索這三大階段：

第一階段：幼兒期的孩子會藉由大聲說話引導自己

第一階段始於幼兒牙牙學語時。我們會注意到，孩子偶爾會有「彷彿跟他人對話」的行為：「我現在要幫多莉娃娃穿上太空裝。」藉由大聲說話引導自己。

這跟孩子的行為有什麼關聯呢？這個階段，**孩子還沒有發展出生命中不可或缺的調節能力，也就是「內在對話」的能力，所以孩子試著用說話來引導自己思考。**記住，2～4歲的孩子已經能了解規則，甚至能逐字逐句背誦，但是一轉身又忘記。

「父母難以理解孩子仍無法控制自己的內心。」狄克特博士說，「控制內在對話的腦細胞，也是控制衝動的原動力。4歲左右，孩子才發展出強大的語言能力，但是控制語言力量的腦細胞，還沒有能力控制衝動行為。」

可以想像滿是紅色大魚和藍色小魚的池塘，擺動的紅色大魚象徵「衝動行為」，冷靜的藍色小魚象徵「協助孩子調節，並反應在行為上」。幼兒粗略編織的神經網絡只能捕到紅色大魚，偶爾會抓到幾條藍色小魚，但大部分的小魚會從縫隙中溜回水裡。

重點是，幼兒並不是故意不聽話，即便說過很多次，他們還是不斷把食物掉到地上。父母認為孩子知道該怎麼做，因為這件事說過好幾遍了。但是，知道是一回事，做不做得到又是另一回事。父母可能會覺得挫敗、強迫孩子聽話，並且對孩子大吼大叫；然而，吼叫無法

增加孩子的自我控制能力，他們仍然會繼續掉食物。事實上，我們誇張的動作可能會產生反效果：**吼叫會驚嚇到孩子，還會延緩內在語言發展、干擾親子間的親密關係。**更嚴重的是，孩子會很困惑：大人一方面衝動的叫罵，另一方面又説衝動是不好的，而且大吼大叫看起來也很恐怖。

‧父母説出自己的內在對話，可以成為幼兒學習的模範

這個年紀的孩子需要聽「父母思考時的內在對話」，同時暗示我們會幫助他「做必須且家中能接受的事」。例如：高腳椅上，3歲的孩子又把食物掉到地上時，父母面臨的抉擇是：要走「憤怒、恐怖的媽咪或爹地」這條老路；還是要走另一條寫著「雖然令人挫敗，但我知道你為什麼這麼做」的路？

對於剛剛的例子，若父母能了解孩子行為的箇中原因，就會這麼回答：「哦，親愛的，食物又掉到地上去了。我們都知道食物不應該放在地上，我想應該是調皮的小手放到那裡去的。嗯，該怎麼做呢？我知道了！這碗飯現在得在旁邊休息一會兒。」相形之下，這樣説好多了。我們就不會惱怒的用力抓孩子的手、憤怒的大罵：「説過多少遍了！不可以這樣！你明知道這樣壞壞，很壞！」

第二階段：前青春期的孩子開始發展內在對話，但仍在學習「按暫停」

8、9歲到12歲的孩子，較能夠聆聽內在聲音。雖然尚未發育完全，但他們會開始想：「不可以從這棵樹上丟樹枝或東西，因為弟弟還不會往上看、不會躲避，只會在地上爬；而且爸爸就在那邊。」

這樣的內在對話，也能幫助年紀較大的孩子處理社交活動。他們會先思考，例如：足球賽中，10歲的孩子感覺得到潛在衝突。為了避免衝突，他會對自己説：「昨天大家説大衛出局時，他很生氣。現在

最好不要再提，也許晚點再問他。」或是像這樣的簡單思考：「媽媽看起來很難過，她需要擁抱。」關鍵是，8～12歲的孩子正在學習「按暫停」。進行內在對話，能幫助他們更了解家庭協定和界限。

‧面對前青春期的孩子，父母必須真誠聆聽孩子談論事情

狄考特博士建議：「在孩子面前，說出我們的內在對話；當孩子談論事情的時候，真誠聆聽。」這種方法對前青春期的孩子很有幫助。舉例來說，11歲的孩子想到朋友家過夜，父母可以在孩子面前說出自己的想法：「好吧！但是，我不確定你要怎麼做功課。或許你可以先回家1小時，把功課做完，然後就自由了！我想，不用擔心功課沒做完，可能會玩得更盡興。」

第三階段：青春期孩子思路更加有次序，但仍然較主觀

「內在對話」和「理性的種子」會在幼兒心中生根、兒童期萌芽、高中時期盛開，思路會變得更有次序。青春期，孩子開始辨別事情的順序，想辦法解決學業、社交上的問題。剛開始，青少年會比較主觀，但隨著時間增長，就會加強客觀推理。若青少年說出這樣的話，會讓人驚艷：「最近，我在想在地食材和有機食物的問題。瑪莉亞說在地食材比較好，因為長途運送食物會造成汙染。可是運送殺蟲劑，用來生產非有機食物需要的汽油呢？算不算汙染？」

青春期，神經網絡更複雜緊密，除了能捕捉到較大、較衝動的紅色大魚，還能捕捉到內在對話中，較小、較冷靜的藍色小魚。

所以，我們要怎麼鼓勵孩子這種美好、正在發展中的能力呢？

‧面對青春期的孩子，引導式對話可以避免孩子衝動行事

大家都知道，青少年仍然很衝動，但是跟內在對話可以幫助他們。為了幫助孩子開啟內在對話能力，我們可以幫他們說出內在對

話：「我有點卡住了，能不能解釋一下，為什麼你寧願搭便車也不想訂購修車零件？能不能再仔細想一下，晚飯過後告訴我？」

由此可見，隨著孩子長大，我們的語氣、措辭也得改變，避免表現出父母的優越感。不論是各個年齡層的孩子，都應該有兩個層面，**首先著眼在想引導出的理性行為；其次，給孩子時間發展內在自我。這樣做能讓我們保持冷靜，親子間的關係更親密。**

根據孩子的成長，將教養分為「監督者、栽培者、引導者」

百年來，兒童發展專家幾乎都認同這樣的發展階段。許多親子教養書也偶爾提及：不同階段適用不同的管教方式。然而，**在成長結構下採用合適的教養方式非常重要；不適當的教養方式會引起孩子的不滿和憤怒。**青少年不喜歡被當成小孩；另一方面來說，孩子還小的時候，我們可能要求過高，讓他們感到挫敗。把孩子的需求納入考量的教養資訊少之又少，然而，這正是管教最有效的方式和關鍵。

前面敘述過，重要的三大發展階段「兒童、前青春期、青少年」。有時候，貼切的隱喻比文字更容易記憶。許多父母告訴我，當孩子出狀況時，我用的隱喻「監督者→栽培者→引導者」，經常喚起，並精確描述這三個階段中的教養精隨。

監督者階段（嬰幼兒～9歲前）：父母必須有明確領導權

教養的監督者階段，我們要成為「了解幼兒需求」的慈愛監督者。**身為監督者有明確的領導權，知道如何建立慈愛又堅定的界限，讓孩子感到安全舒適。**在這個階段，父母必須盡可能保護家庭的

「邊界」，過濾掉生活各個層面中，幼童不該接觸到的事物。父母必須保持權威，否則很難實行。

權威（authority）這個英文字跟作者（author）的字根相同，因此監督者也需要創作幼童的家庭價值觀。

栽培者階段（9～13歲）：聆聽並觀察孩子的需求，但父母仍需做最終決定

優秀的栽培者或農夫會觀察、聆聽土地傳達的訊息、觀看泥土和農作物、知道何時該耕種、採收。**最重要的是耐心和仔細觀察，但是一旦做好決定，就必須貫徹執行。**前青春期，孩子需要父母聆聽、觀察，配合日益提昇的自我管理能力調整。但孩子必須知道父母仍是監督者，負責做最後決定。

引導者階段（13歲～後青春期）：父母提供指引、著重在提供孩子大方向

嚮導受過前人幫助，熟知前方道路。前人已經繪出地圖、分享經驗，如果說得夠清楚，可以幫助引導者。多年來的探索，前人已謹慎的在地圖上加上附註，雖不完整，但對後人來說很有參考價值。

好的嚮導知道許多上山的方式，新的探險者對嶄新的山路有自己的意見。年輕的探險家可能有獨特的能力，在被阻斷的路線中發現新的道路。當父母對青少年提供指引時，必須謹慎提供自己的經驗、引導孩子人生的啟程。孩子感興趣的是人生方向，不想聽太多意見。**出狀況時，要著重在大方向，幫孩子辨認什麼是助力，什麼是阻力。**

教養停看聽

受到「孩子都是獨一無二的」這句話影響，過去10年來有低估兒童發展階段的趨勢。這句話沒錯，每個家長都知道孩子是獨一無二的。但是，如果父母拒絕「引導的智慧」和「成長階段所需的框架」，就有迷失方向的危險。在毫無預警下，可能會讓能力不足的孩子面臨無法處理的生活事物。

幸好，腦部影像科技證實了這些成長階段。培養情感的重點是：父母了解所有的兒童、前青春期的孩子和青少年都會經歷這些階段。

根據孩子的成長歷程，提供適切的教養模式

　　對於孩子的行為，大部分的父母最常問：「這樣正常嗎？」通常也滿懷期待的問：「應該是正常的吧？」如果我回答這些「有問題的行為」其實是正常表現，父母可能會說：「不會吧！你的意思是，我們還得忍受？」

　　了解孩子在這三個階段中的能力和極限，能讓父母清楚什麼是「正常的行為」。

　　看看這三個發展階段，如果把每個階段想像成一個籃子，**關鍵就是把「大致正確的內容物」（引導或教養方式）放進「正確的容器」中（成長階段）**。聽起來很困難，但如果我的建議生活化，且簡單可行，就不會太困難；如果這些建議是常識，那我們就更站得住腳。

　　右方表格中，右邊的圖像指兒童、前青春期的孩子或青少年的發展階段。奧地利哲學家暨教育學家魯道夫·史代納博士（Rudolf Steiner）曾探討過這三種成長階段間的消長，許多深具影響力的兒童發展專家也認可這三個階段。孩子有自己的發展歷程，因此文中提供的年齡只能當作參考，但對大多數的孩子都適用。這裡用三個「籃子」代表三個階段，你會發現這些籃子的大小不同，用來描繪各年齡層中的主導強度：

· **幼兒時期（0～8歲左右）**：充滿活力、會隨心所欲行動。這7、8年間，孩子的行為來自衝動，以及引發興趣的事物；內、外在世界的距離相當模糊。看到這個年紀的健康兒童，熱切探索世界讓人愉悅。

- **前青春期（9、10歲～13歲）**：青少年萌芽時期，此時可以看到孩子有許多變化。前青春期的孩子更能覺察自己和他人的感受都很重要、發展出同理心，因此更能配合家庭生活。
- **青春期：（13、14歲～19歲）**：產生批判性的新思維，青少年開始質疑政治家、老師，還有父母的價值觀。

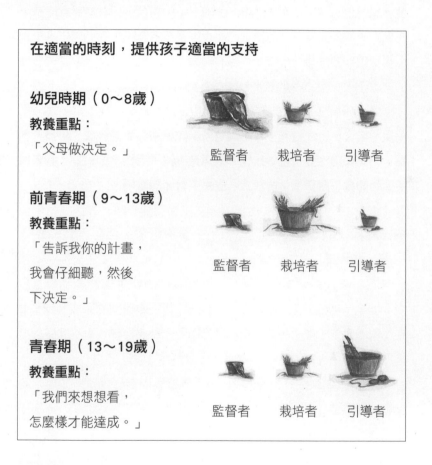

在適當的時刻，提供孩子適當的支持

幼兒時期（0～8歲）
教養重點：
「父母做決定。」

監督者　　栽培者　　引導者

前青春期（9～13歲）
教養重點：
「告訴我你的計畫，
我會仔細聽，然後
下決定。」

監督者　　栽培者　　引導者

青春期（13～19歲）
教養重點：
「我們來想想看，
怎麼樣才能達成。」

監督者　　栽培者　　引導者

第一階段（監督者）：父母必須直覺式的表現出「我決定」的原則

第一階段，孩子主要以行動和探索為主。剛學走路時，這部分性

格很強烈，我們可以看到孩子有趣迷人的一面：對周遭事物都會調查得一清二楚。所有東西都會認真去觸摸、品嚐、嗅聞、衡量尺寸，然後等下一個引發興趣的物品。這個階段，我們會特別關注孩子，孩子想摸生鏽罐頭蓋時，我們會趕快制止，並會自行決定，移開不安全的生鏽罐頭，避免幼兒感染破傷風。即使孩子哭鬧，父母也不會心軟。這種情況也適用於7、8歲的孩子，但口氣不同，因為8歲的孩子不願意被當成嬰兒。這時期，已經接近栽培者階段，我們可以感受到「告訴我你的計畫」的口吻。因為幼兒期已近尾聲，父母感到這樣的方式才正確，但仍不是主要管教策略。

這個階段的互動基礎是：父母表現出「我決定」的原則。這相當簡單、健全，也很直覺式。**不論有多少教養書和專家強調「讓孩子選擇」，父母仍然要有基本直覺。就算允許孩子選擇，但仍是「我來決定是否給孩子選擇權」的模式，這是監督者的職權。**

第二階段（栽培者）：父母仍是主要決策者，但可以適時給孩子多一些責任

第二個階段的基本咒語是：「告訴我你的計畫，然後我會做決定。」孩子喜歡這樣的相處模式，因為父母在乎他們的看法。孩子現在比較聰明了，能看出外界跟自己的區隔，做計畫時也會將家庭成員納入考量。

有位父親告訴我：「孩子12歲時，很喜歡向爸爸媽媽述說自己的計畫。她喜歡我們認真傾聽，做決定時也會考慮家人的感受，似乎很喜歡這樣的相處模式。」

10、11歲是個完美的平衡點。不管孩子多盼望，他們仍不是青少年。儘管可愛迷人的童年初期逐漸褪去，大部分的孩子仍未完全進入青春期。還有一階，中間最大的籃子才會成為10歲孩子的蹺蹺板中心點。**有些情況下，父母仍需要堅定、像監督者的規範；但有些時**

候，當12歲的孩子表現出瞬間的智慧與成熟度時，父母可以偏向引導者，而不是栽培者，多給佛陀般的小青少年一點責任。

孩子進入前青春期時，我們可能會有點悲傷，孩子不再是事事依賴我們的小嬰兒，但是看到孩子的能力逐漸增強，也很令人興奮。這時候，焦急坐在發燒孩子床邊的夜晚減少，我們可以稍微放鬆，因為孩子更有體力恢復健康。但是，直覺仍告訴許多父母：雖然孩子更強壯、更有能力了，但還沒準備好接受這個寬廣的世界。當我們靜靜坐在熟睡的9歲孩子床邊，即便看到孩子的腳趾從稍嫌小的棉被下露出來，他們仍是如此幼小、脆弱。

這個時期的孩子不再是幼兒，但還沒準備好進入前青春期的世界。在這個被媒體、色情、暴力畫面、各種誘惑充斥、充滿的世界，孩子需要更成熟的判斷力引導他們。那麼，是否有合理的中間地帶呢？

第三階段（引導者）：父母的工作，主要是引導孩子發展思考判斷能力

第三階段著重在：「釐清青少年逐漸顯露的人生方向。」現階段最重要的籃子裝著青少年的人生羅盤，因為大腦額葉變得更活躍，能幫助青少年透過某些情況思考自己的人生道路。

許多青少年會用鋒利如刀的思考能力剖析，也經常伴隨無禮和批判，有時候讓父母很挫敗。我們必須提醒自己：這些批判只是自我發掘的台階上，最低的那一階。**父母的工作是幫助孩子，在青少年晚期將這種無禮態度發展為思考判斷的能力。這樣想會好過許多。**

當引導出現問題時，最有效的解決辦法是「讓我們想想，怎樣才能達到你想要的」。措辭有很多種，但父母表示的重點都是：「這是你的人生，我能做的只是引導你，當情況偏離目標或危險時，我才會介入。」

如果家中有青少年，跟他談談對未來的想法；當孩子與朋友、學校、家人出現問題時，溫和的提醒他對未來的希望。這樣能幫助青少年重新找到方向，讓我們跟孩子站在同一陣線。當然，仍然會有想要反抗的孩子，但也會有更想要融入家庭的孩子。無論哪一種，都是孩子自主思考能力的展現。

第三個階段中，父母要和青少年一起研究各種人生選項。某些情況，孩子可能有洞察力、很理性，但有時候又非常不實際且問題重重。這是父母必須面對的二分法：前一天孩子開始獨立思考，隔天卻又被困惑和猶豫抵銷。有時候，孩子會衝動設置計畫和目標，堅決要獨自行事；有些時候又會靠近我們，在期望和責任的暴風雨中尋找庇護所。

大約的年紀	0～8歲	9～13歲	14～19歲
主要發展	意志	情感	批判性思考
主要能力	行動	計畫	選擇
內在對話	衝動大於內在對話	衝動與內在對話取得平衡	內在對話主宰衝動
反抗規範	「你不能管我！」	「我不在乎別人！」	「我自己會做！」
父母角色	監督者	栽培者	引導者
父母回應	父母做決定	父母聽完後做決定	跟孩子一起做決定

在孩子受挫、呼救和迷失自我時找到正軌，能幫助青少年更堅

強。但是，青少年仍然需要父母引導，幫助他們在艱難的時代中找到人生方向。

不同階段給予不同的教養，讓孩子學會控制衝動、發展自我

有了正確的指引加上運氣，青少年的選擇大多是好的，可以很接近他想要的目標。因為在前青春期，孩子已經學會互相合作，當孩子做錯選擇時，能夠接受建議並修改。在幼兒時期，孩子已經發展出控制衝動的能力。必要時，他會聽從溫和、堅定的界限；想要某件事物時，孩子知道不能總是隨心所欲，因此會發展出強大的意志力。未來，若要能度過艱難的時刻，最重要的是意志力和合作力。若在幼兒時期沒有學會尊重，就無法發展控制衝動的能力，孩子很可能會誤入歧途。

孩子在栽培者階段，特別注重人際關係，知道大人會在旁聆聽，需要時還會指引方向。了解自己的行為除了影響自身，也會影響其他人，孩子就能做出正確選擇。

青少年晚期要面對很多重大決定，父母的指引能幫助青少年發展自己的優勢，孩子才能有願景、選擇踏實的人生道路。這些重大決定可能是：職場、念哪所大學、從事哪個行業，或發展哪些興趣，這些都是重大的抉擇。

我們希望幫孩子做好準備，努力了解他們必經的發展階段，試著給他們需要的界限。當孩子離開家園，進入大千世界時，才能成為更堅強、敏銳、勇敢的人。

監督者階段：
面對0～8歲幼兒
的教養原則

叁、監督者時期：父母建立良好界限的五大原則

　　父母是孩子的第一個老師。儘管認為自己尚未準備好接受這個令人卻步的責任，但我們只能盡力。而教養的基本原則必須深入、廣闊、強而有力，才能在日後有穩固明確的立足點。

　　引領孩子成長，需要經過三個明顯階段。本章著重在第一階段，也就是「幼兒時期」。這個形塑階段，孩子是髒兮兮的，他們喜歡在泥巴堆裡玩耍、建隧道、堆石頭和建堡壘，尤其喜歡親近泥土。我們可以看到孩子聚精會神的揉捏、堆放在大自然中找到的物體。

　　事實上，這個年齡層的孩子需要一些基本原則，才能投入全部的精力在玩耍和探索上。孩子知道要在住家附近，或靠近父母的地方玩，才不會因為擔心自身安全而分心。在爛泥巴中、在石頭堆中，但又處在父母舒適的保護圈內，能幫助孩子強化自己的意志力。

　　在第一個發展階段，父母是家裡溫和又堅定的監督者，所做的一切都是讓孩子有安全感，讓孩子知道哪些照顧者會確保他們的世界安全、可信。

良好界限能建立孩子自我意志、培養良好親子關係

許多父母相信，如果給幼兒自由選擇權，就會發展出堅強的性格和自我意志。許多父母甚至不以權威者自居，擔心界限和引導會壓抑孩子的自由意志。然而，**獨裁者和監督者不同，獨裁者強迫人民遵從他們的意願；監督者則是創造安全平和的家園。**

多年來，許多挫敗的父母來找我時，說：「孩子的自我意志很強。」意志力常常被誤解，但是孩子或許不是自我意志強烈，而是任性或固執。事實上，意志堅強的孩子能輕鬆與家人互動、有組織的表達意願。**堅強的意志不是只想按照自己的想法行事，而是能控制自我，直到時機成熟。**

另一方面來說，孩子的任性固執是因為困在隨心所欲的惡性循環。當孩子無法承受時，就會和父母、兄弟姊妹、朋友，這些外在世界的人起爭執。

當孩子被任性固執困住，要怎樣幫助他們？大部分的孩子會在這兩種力量之間擺盪，但是當內在世界（需要和欲望）開始主導，孩子任性固執、霸道和掌控欲就會浮現。

意志堅強vs. 任性固執的七大比較

意志堅強	任性固執
1. 有彈性的調整，以便繼續前進。	1. 僵化執著在會困住自己的行為模式中。
2. 能覺察，也願意配合家人感受；願意伸手向他人求助。	2. 逼迫他人達到目的，結果越來越孤立、越來越挫敗。把父母、兄弟姊妹和朋友看成阻礙，而不是盟友。
3. 清楚自己要什麼，願意一步一腳印慢慢達成願望。	3. 「馬上」就要得到他想要的事物。
4. 很快就能從失敗中復原。	4. 認為自己是受害者，會生氣很長一段時間。
5. 能專注在自己手上想做的事，而非三分鐘熱度。	5. 只有三分鐘熱度，過後會漫無目標、精疲力竭。若有人對他不玩的玩具或地點感興趣，會馬上跳出來宣示主權。
6. 能將意志力專注在創造互動遊戲、平衡遊戲和當老大的衝動。若覺得自己太霸道，會稍微退讓。	6. 想要控制所有的事情，遇到阻礙反而更加強悍，寧可發生衝突、失去朋友，也不願意讓步。
7. 具有獵人般的敏銳度，當感覺時機點對時，會投注全部精力追求理想。	7. 看似對的事卻用在錯誤的時間點，用錯誤的方式、強度做事。不懂他人提示，也無法察覺自己惹人不高興或顧人怨、不知道適可而止。

孩子學會遵從適當、溫和、堅定的規範,能避免無止盡的爭吵

服從父母定下的界限和規範,會慢慢灌輸安全感、信任感,重要的是能鞏固、提供孩子方向感。這裡提到的「服從」,跟許多50、60年代的盲目服從不同,並不強迫孩子接受僵化、壓制性權威者的命令。**這裡提到的服從是堅定、溫和的,對孩子的社交和情緒健康很重要。學習服從時,孩子會接受父母溫暖、堅定的指引,並發展出內在靈活度。**

遊樂場中,爸媽對孩子說該回家時,孩子的內心會起衝突:「我還想繼續玩!」(我的需要)跟「最好聽爸媽的話!」(父母的需要)。當孩子學會服從慈愛的父母時(父母不只要養育強壯又體貼的孩子,還要趕回家吃晚餐呀!),孩子會從自我中心轉換到更寬廣、有彈性的社交領域。

還記得前面提過:如果一開始就說清楚,孩子就不會用激怒或呼救方式要求我們設定規範。**當孩子知道「適時尊重父母的界限」,就可以避免無止境的討價還價,而明確、一致的界限能為良好的服從提供穩固基礎。**

有些父母說,他們面臨的挑戰來自成長期間,盲從父母管教。若能覺知這一點,就是清除障礙的第一步。如某位家長所說:「為了更有效的管教孩子、設定規範,我必須超越過去的人生經驗。」發展內在對話,就能有所轉變。對自己說:「不要受自己的父母牽絆。我不會放鬆對孩子的管教,因為堅持要4歲的孩子聽話,是為他好;9歲時,可以稍微放鬆管教的韁繩,等成為青少年時再更放鬆一點。」

事先知道可能會有的障礙,能幫助我們看見事情的不同面貌,讓

教養停看聽
想想看:
是什麼阻礙孩子服從?
該如何跨越這些障礙?

教養之路更順暢。有位母親對我說：「我的障礙是，自己堅持要孩子服從命令，但前夫卻事事都順著孩子。該怎麼辦？」這種情況下，只能承認我們無法控制一切，孩子不在身邊，就超出管轄範圍。如果父母雙方無法有一致的教養模式，沒關係，只要提醒自己：「孩子在爸爸家也許可以不聽管束，但在我家就不行。」事實上，孩子回到媽媽家中，就不得不服從媽媽的界限。**根據所處環境轉換行為模式，並不是一件壞事。事實上，這正是讓孩子「有彈性」的關鍵。**

培養內在對話聽起來很簡單，其實不然。發展出建設性的內在對話、找出問題源頭並避開，教養會更有效率。若父母需要實際建議，可以主動跟其他父母談談，聽聽他們的想法、看看有哪些有效的方式。

父母建立良好界限的五大要點

大部分的父母都喜歡孩子聽話，不希望孩子討價還價或強烈反抗。這樣的家庭生活會更簡單、更有趣。幸好，要達成這個目標並不困難。

良好服從有五大要點。支持父母監督孩子的羅納德‧莫里胥（註：Ronald Morrish，1972年成為教師，累積多年教育經驗，並專注研究現代教養中的缺失），在著作《教養的祕密》（*Secrets of Discipline*，無繁體中文譯本）中，提出了四大要點。我增加了第五項要點，讓父母更容易執行。當我們給孩子指示時，必須堅守這五大要點：

1. **暫停與想像**：暫停一下，給孩子時間找到自我，也讓自己安定下來。想像孩子遵照指示後，圓滿達成的情景。
2. **從小事做起**：給孩子能力範圍所及的要求。

3. 陪伴和冷靜：提出指示後，陪伴在孩子身邊。我們可以給年長的孩子多一點空間，但父母的陪伴能讓幼兒有更好的表現。保持冷靜、沉著和安定，若父母無法保持冷靜，就回到第一步驟——暫停與想像。

4. 堅守原則，不討價還價：不要被孩子逃避服從的藉口迷惑，沉默冷靜，運用平和、清晰的語調重複原則。

5. 貫徹始終：在這個充滿誘惑的年代，多工處理似乎美化了過動症，讓專注成為一大挑戰。但是，當你提出要求後，請保持專注、貫徹執行。

 ## 在正確的時間點下指令，可以讓孩子更容易遵從父母的指示

讓我們更深入這五大要點。當孩子接收到要求時，會明白父母是不是認真的。說話口吻還有親身蒞臨，能讓孩子感受到父母的監督。而在權衡利益得失後，孩子通常會選擇服從。

發展心理學家高登‧紐菲德（註：Gordon Neufeld，加拿大心理學家，研究「依附理論」的重要學者）提到引導孩子時，用「先集中，再指示」。大部分的人將這句話解讀為：跟孩子先取得連結，再給予指示。這樣的解釋並沒有錯，然而，退一步看，父母跟自己取得連結也很重要。**如果能花一點時間了解自己的需要和感受，再向孩子提出要求，就能保持冷靜、友善、堅定的立場。**

內在對話是自我連結的關鍵，我們會發現跟自己說話很有效（當然是在沒有人的時候），或者也可以在心中跟自己對話。尤其是為人父母者，獨處的時間不多。當家中有幼兒的時候，連廁所都成了公共場合。

當我們感到不安、不確定如何處理當下的教養，或想要孩子轉換活動時，內在對話可以讓我們遠離「反擊、退縮」模式，進入語言大腦區。當語言中心啟動時，就會減低焦慮感、啟發不同種的可能性觀點。以下，我整理出幾個可以參考的有效內在對話策略：

「真的要這樣嗎？」一位母親自問，用來過濾掉不必要的指示。如果答案是肯定的，就會繼續執行。

某位家長說，他經常給孩子太困難的要求。現在，執行之前他會先暫停，並自問：「這樣的要求合理嗎？」

另一位父親私下透露，他經常對幼兒提出難以理解的複雜要求，他說：「我太太會用溫柔而狡黠的眼神看著我，說：『好吧！你好像卡住了，需要幫忙嗎？』」這時，他會想像太太的聲音，引導自己轉換為更簡單的要求。

身為父母，我們的注意力經常被分散，若有不只一個孩子時，更是如此。但是，重點在於時間點！跟我談過的媽媽總會先自問：「這個時間、地點給這個指示好嗎？」

不聽話（或反抗）經常是因為父母給孩子指示的時間點錯了，關鍵是找到對的場合。如同1950年代的喜劇演員雷德・斯克爾頓（Red Skelton）所說：「孩子睡前都願意幫忙做家事。」選對時機和地點，孩子最有可能接受指導。

有位母親牢記地點的重要性。她跟內在對話的關鍵是：「做這件事之前，怎樣讓孩子分心的因素降到最低呢？」因為有四個小孩和家務事要忙，她得實際一點。向女兒下達「非做不可」的要求之前，這位母親都會把女兒帶到樓梯間，給她「操作手冊」。這樣的動作已成為習慣，樓梯間是家中唯一清靜的地方，讓母女保有私密談話的空間。母親會開口：「現在……」然後停頓，靜坐片刻再提出要求。令人欽佩的是，當母女倆離開樓梯間後，看起來都相當平靜，且目標明確。

另一位全職媽媽告訴我，每天回家，都讓她快要發瘋了。她一踏入家門，就開始發號施令：「需要打掃了。」「為什麼食物會擺在廚房的吧檯上？」「整理一下桌子。」她不喜歡這樣的自己，感覺像是太空梭出任務回來，卻錯估了降落地點。「我在家中爆炸時，每個人都感受得到那股熱力。」她這麼說。

教養停看聽
自問：「跟內在連結時的關鍵是什麼？」

後來，這位全職媽媽在踏進家門前，都會先停頓一下。

「我們家對面有個小遊樂場，」她說，「我會坐在鞦韆上晃一、兩分鐘，問自己：『好多了嗎？』即使答案是：『並沒有。』光是停下來、問問自己也很有幫助。」這時候，內在對話幫她找回自我。她發現，**安靜的跟自我取得連結之後，就能控制自己，避開挫折和敵意，以諒解、接納的態度面對家人。**

我們可以觀察幾天，找出讓自己失控原因，或是為什麼孩子不理會我們的指示。為什麼孩子會不聽話？為什麼他們不理我們？要怎樣才能讓自己更鎮靜？有固定模式嗎？了解自己為什麼與內在失去聯繫、知道自己需要什麼，就能改善親子間的互動。簡單來說，給孩子指示前，需要先有操作手冊。

給孩子指示前，暫停一下、想像自己希望的結果

想像理想中的情境，然後踏進那個場景中。當我們要孩子做家事時，經常有「又來了」的沉重感。不要被腦中的困境打敗！想像孩子會做得很好，在心中撥放「孩子完成工作」的畫面：自己和孩子拿垃圾桶出去，倒掉廚餘再把桶子清洗乾淨並放回原位。

運動教練會教運動員想像成功的時刻，例如在心中想像何時該爆發、在哪裡轉彎，諸如此類。教養孩子就像運動，需要在壓力下表現出最佳實力、找到最好的創意。雖然沒有人會在終點頒獎給我們，但

是防範未然的教養技巧遠超過獲得一打金牌。

　　想像自己希望的結果，想像笑聲、輕鬆自在的合作，或對你重要的任何事情。一切都很簡單，也別擔心自己會看起來很傻，因為沒有人知道我們想像中的情況。當我們說：「該回家了！」或是「過來這邊！」在說這些話之前，暫停一下，想像自然、輕鬆的相處過程。

　　羅納德‧海菲茲（註：Ronald A. Heifetz，約旦國王公共領導學資深講師）和其合作夥伴林斯基（Marty Linsky）在《火線領導》（Leadership on the line）一書中，建議領導需跳脫習慣的舞池，到陽台上觀看全貌。**教養也是一樣，找出家庭生活的平衡點，就會順利許多。**

 ## 從小事做起，讓孩子學會服從我們的指示

　　從小事做起牽涉到以下三個關鍵：

　　1.可行性：第一個是可行性。如果孩子不願意服從，先選擇比較不會遭到反抗、不會引起爭吵的事情開始，讓自己熟悉發號施令的感覺。對孩子來說，通常需要2～3個禮拜才會發覺情況不同：從現在開始，他得照父母說的做。

　　2.分解動作：孩子反抗，就分解動作。舉例來說，即使覺得自己表達夠清楚，若想讓孩子服從指示，就要避免：「讓我們來擺餐具。」這樣籠統的要求；而是改成：「我們先來擺叉子。你還記得要擺哪一邊嗎？這不容易喔～」口吻溫馨，但盡可能仔細。如果覺得這樣的忠告太簡單，我很抱歉。但是，多年來，我發現許多父母都只跟孩子說大方向，當孩子不理會之後，才用充滿挫敗的口吻，幫孩子分解動作。

最好在出差錯前，把工作分成幾個部分。可以説：「現在要來擺餐具了。你知道嗎？我們要先擺叉子。」如果孩子還是反抗我們的指示，可以試著轉移焦點。夏天的時候，把孩子拉出電玩遊戲，到外面做幾條泥巴水道、放上小紙船；擺餐具時加入水元素，孩子會立刻聯想到水道。比方説：「我們來看看水壺能倒幾杯水。」然後説：「你可以把裝滿水的杯子放到杯墊上嗎？」

你必須信任這個過程。有的父母説：「我只是想叫孩子擺餐具，希望他有能力做好這件事而已。」服從力需要慢慢鍛鍊、經常練習。最後，我們只要對孩子説：「請你幫忙擺餐具。」就會很順利了。

3.哪些是我可以掌控的？哪些是我無法掌控的？

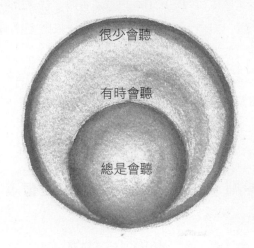

很少會聽

有時會聽

總是會聽

看看這張圖，父母幾乎都能立刻辨認出自己能掌控的區塊。如果在無法掌控的區域施力，就會讓我們產生壓力、自我懷疑。在「有時會聽」的區域裡練習，知道孩子在哪些區塊會聽話，就能建立父母的自信心。這裡有幾個例子：

· **總是會聽：**唸故事書時，叫孩子過來、坐到我們的腿上，對兩個人

來説，是最舒服的時刻。這個時候，孩子很少抗拒。

‧**有時會聽：**叫小孩整理拼圖或打掃房間。都是非做不可的事，但不像唸故事書、遊戲或勞作那麼有趣。

‧**很少會聽：**父母很難掌控孩子説從學校裡聽到的不當言語。

從小事著手，先建立讓孩子聽話的堅實基礎，掌控力就會增加。舉例來説，我們很難掌控從遊戲時間轉換到上床時間，即使已經送孩子上床、蓋好棉被，他們還是會找各種藉口叫我們過去。要求孩子睡覺前，我們可以先給孩子會聽從的一連串小要求。比方説，如果孩子喜歡幫忙修理東西，準備明天的工具時，可以叫孩子當小助手；如果孩子喜歡照顧動物，就讓他幫狗狗梳毛。這些簡單的工作，能讓父母跟孩子在睡前更親近，同樣會擴展到其他領域，就是所謂的「依附理論」。每天進步一點點，孩子跟父母就會形成依附情感，也可當成建立權威和練習日常管教的方式。

記住，我們並沒有放棄「很少聽話」的欄位，而是著重在建立溫馨感和感情維繫。許多父母向我反應，應用這五大要點後，孩子逐漸開始聽話了。

四大原則，讓父母給孩子的指示更有效率

‧**身旁原則：給予指示後，必須待在孩子身邊**

如果希望孩子照我們的話去做，就要待在他的身旁。孩子很好動，一眨眼就溜走了，如果父母給了指示就離開，很少能如願執行。

‧**來回原則：在孩子需要幫助時，上前協助確保有效執行**

需要時上前協助，確保指示有效執行。當孩子很認真在做時，我

們可以離開一下；如果孩子的專注力降低，就回來看看他們，但不需要的時候就不要太靠近。試試這個方法，看看成效如何、確認需要來回多少次，孩子才能完成任務。父母提供孩子注意力和支持，順利進行時也要抽離，才能給孩子自己完成的感覺。

‧掃描原則：給予指示後，待在孩子能聽到、看到的地方

父母可以去忙自己的事，但待在孩子能聽到、看到的範圍內。他們可以感覺到父母在現場、注意到你也在工作；一起做事的感覺，也能提高孩子的意願。

‧模仿原則：給予孩子正確的模仿模範

幼兒靠觀察和模仿我們學習。大腦有「鏡映」神經元，不只是模仿，也能幫助孩子了解他人的意圖。

「當我舉起手臂，做出要丟球的動作，腦中會產生複製影像，讓你知道這個動作的目的，知道我接下來要做什麼。」加州大學洛杉磯分校的神經學家馬可‧伊可波尼教授（Dr. Marco Iacoboni）在《紐約時報》說了這段話。2006年1月10日的〈細胞讀心術〉一文中，伊可波尼教授解釋：「當你看見我做出撿球的動作，你的腦中就會立刻模擬。」真實生活才能讓鏡映神經元有最佳運作，是虛擬實境和影片無法取代的。

叫小孩去做事，別立刻轉身去打電腦、接電話。請忍住，不要檢查電子郵件或回簡訊，因為這是在孩子面前不專心的行為。孩子會認為父母不夠果斷，用含糊不清、注意力分散的方式回應。孩子靠模仿而學習、成長，若我們做事不專心，如何要求孩子呢？

 不能讓孩子決定的事情，就不要敞開談判大門

不討價還價、不找藉口、不偏離主題、不重複。如果指示清楚，

就不會有上述這些行為。

當我們猶豫不決，就會敞開談判大門，所以有些孩子每件小事都要爭論。「不是應該讓孩子發問嗎？」你可能會這麼問：「鼓勵孩子討論和辯論，不是很好嗎？」沒錯，讓孩子自己計畫、制定策略、目標和想要的東西是好的，但跟幼兒討價還價是錯的。要好幾年後（前青春期），才適合讓他參與決定，即使到了這個階段，也不該跟11歲孩子討價還價。**還沒有能力處理，卻給孩子有權這麼做的假象，也會引發孩子的恐懼和不安全感，覺得家中沒有人掌權。**

《家庭守衛者》（*Covering Home*，無繁體中文譯本）的作者傑克・彼崔斯（註：Jack Petrash，擁有30年以上教學經驗的資深華德福教師）曾在太平洋廣播電臺（Pacifica Radio）主持〈教養孩子〉節目，他談到用平靜語氣回應的重要性。他說，**父母應該用平穩的語氣對孩子說話，不需要特別愉悅，也不要太冰冷。**

示範怎麼收玩具時會說：「不對，小瓊，玩具要這樣收。」接著說：「不對，要這樣。沒有為什麼，這樣做就對了。」不用長篇大論，只是平靜、堅持我們提出的要求。

・一而再，再而三的要求，反而容易傷害親子關係

父母不應該生氣的說：「到底要我講幾次啊？」

與其一再重複，不如：「不是，要這樣。不對、不對，蘇菲，要這樣。不對，親愛的，像這樣。」也要避免下列這種片面說法：「能不能請妳把玩具收好？」「我已經叫妳把娃娃收好了。」「再讓我說一次，妳就糟了！」**當孩子再三忽視我們的要時，就會損害父母的權威和親子關係，因為孩子知道自己可以選擇：什麼時候該聽話、什麼時候可以忽視。**這種情形發生時，父母通常會陷入惡性循環：會越來越憤怒、為了要得到孩子回應而語出威脅。為了把事情做好，父母會充滿敵意和憤怒，讓親子關係惡化。

有些父母告訴我：溫和的態度一點用也沒有，他們會直接強迫孩子把事情做好。就像服用過多抗生素，病毒會產生抗藥性，習慣聽到父母強調語氣的孩子也會對高壓免疫。於是，為了要孩子聽話，父母會增加壓力。

當我們花這麼多時間困在高壓的洪流中，會讓我們很疲憊、覺得自己的教養很失敗。我們不是，也不想成為這樣的父母，然而，常見的親子互動卻是這樣的模式。好消息是，我們可以用上述建立良好界限的五大要點讓孩子聽話、打破這種惡性循環。

‧要求孩子，卻遭到反抗或無視時，該怎麼做？

當我們提出要求，孩子卻充耳不聞或反抗時，就用建立良好界限五大要點的兩個步驟：從小事做起、親近原則。當我們叫女兒整理東西時，她說：「我不要！」我們可以靠近孩子，循序漸進說：「我們先收娃娃的衣服，等等再收其他的。」這比強迫孩子好，無論如何，不要重複我們的要求、引起衝突。

‧說氣話或是威脅，反而會讓溝通陷入惡性循環

如果靠近孩子、循序漸進的說，還是得不到回應，孩子可能是卡住了。或許你會認為，也很想打他們一巴掌，說：「再不把這堆髒亂清一清，我就把玩具全部丟掉，以後你就沒玩具玩了！」這種強硬的方式會使他屈服，但並不是這樣。威脅反而會導致：

1. 敞開談判的大門。

2. 把選擇權交給孩子，孩子可能會衡量狀況不收而不是屈服。

3. 產生輸贏拉鋸戰：孩子會迫使父母動手收拾、把玩具拿走（孩子贏了第一次）。孩子很可能會認為，如果苦苦哀求，父母過一、二天就會心軟，把玩具還給他（孩子贏了第二次）。現在，我們輸了兩次，還會陷入惡性循環。

・越是向孩子說理，只會讓自己更加無力

如果孩子拒絕並頂嘴，父母繼續說只會讓情況更糟。越是講道理或吼叫拜託，就像掉進兔子洞裡，而孩子只會把洞越挖越深。孩子不聽話不需耗費力氣，父母慷慨激昂的言詞卻會耗損很多精力，讓自己無力、沮喪，甚至心生怨恨。

・當孩子不願意聽話時，可以在冷靜過後稍微降低標準

當孩子卡在反抗的情緒中，會讓父母有無力感，這時就要運用建立良好界限第一點「暫停與想像」。花點時間慢慢吐氣，掌控好自己和當時的情況，接著對孩子說：「我知道你卡住了，那種感覺並不好。我們晚點再來打掃，現在先坐下來休息一下。」孩子不一定會表達，但會鬆一口氣。在暫停的時候，想像孩子照我們的話去做，就能跳脫出來、專注在正向的影像，將大腦從「反擊、退縮」區，轉移到「合作創造」區。孩子能感覺到父母的轉變，覺得更安全、更放鬆，就能很快脫困。

若有需要，時間可以長達一、兩分鐘，但是對孩子來說，這段時間相當久。**當我們冷靜下來，再回到當初的要求，但要降低標準。父母說的話就是法律，關鍵在於冷靜和穩定，並確認孩子會執行。**你會驚訝的發現，幾次後相當於設立了規矩，下次，再有要求時，孩子就會乖乖聽話。

溫和堅定的教養立場，能建立孩子的信任感

貫徹始終是教養的關鍵，但在忙碌的生活中並不容易執行。一切都要回到：父母是否能夠專注，並堅持自己的立場，也就是「溫和的堅持」。教養孩子時，站穩立場不僅能幫孩子學習規範和彈性，還能

向孩子示範「貫徹始終」的態度，讓孩子對我們有信任感。

·處理教養問題時，避免在孩子聽話前做其他事情

貫徹始終是教養的重點，如果要正面處理棘手的教養問題，在孩子聽話前不要做其他事情。父母可以說：「這很困難，雖然你一開始不想做，不過你整理得很好。你幫了大忙，現在可以去外面玩了。」

「讓孩子聽話」這件困難的工作完成了，也變得更合理了。我們拉近了親子間的距離、打破討價還價的習慣、也默默堅持事情要做完。

父母通常會納悶：「一個孩子就要花這麼多心力，其他孩子怎麼辦？」**當我們以溫和堅定的方式解決問題，其他孩子也會察覺到家中氣氛的變化。**有位母親說：「這種做法不僅能紓緩當下的狀況，其他孩子也會觀察我怎樣教那個孩子。他們似乎很感興趣，也看得出被訓話的孩子犯規了。」她微笑補充：「其他孩子要我放心，說他們會很乖，不會像哥哥那樣。」

 ## 如何引導，讓孩子順利轉換情境

情境轉換時，最容易產生教養狀況。比方要孩子停下玩得正開心的事，父母會覺得內疚，或者因為孩子會不高興而猶豫。孩子注意到父母的感覺，會讓情境轉換更困難。當孩子在遊樂場或公共場合情緒失控時，大家都在觀看，所以還會加上尷尬的感覺。

情境轉換這麼困難，是因為大人沒有事先通知孩子，就把孩子的活動中斷了。父母應該先讓孩子有心理準備，接著再執行。**因為尚未發展出客觀看待世界的能力，幼兒和周遭環境是一體的，所以孩子才**

會這麼專注在觸摸、品嚐、嗅聞、感覺和注視周遭的一切。孩子會把所有的精力投入玩樂，將周遭環境、建築物或自己發明的遊戲合而為一，這種快樂、無我的專注是很美妙的事。情境轉換的困難，大多是父母想讓孩子快速從「專注狀態」轉換到「尚未進入的狀況」，對孩子來說相當模糊，非關地點或事情。

請想像孩子在泥巴地和沙地上玩耍，建了一條小溪或小河，河上有樹枝架的小橋，還有石子路和泥巴水壩。爸爸幫孩子一起建造，但想到要去接哥哥姊姊放學，並且要在孩子肚子餓而吵鬧前回到家，就想快點離開。這位爸爸5分鐘前已經提醒過了，但女兒梅西只是蒐集更多的石頭和樹枝。爸爸知道孩子不會乖乖聽話，於是堅定的說：「很晚了，得走了。」梅西還沒完成，不願意離開。爸爸說：「5分鐘前就說過等一下要離開。」梅西完全聽不進去，爸爸只好抱起她、走向車子、任她嚎啕大哭。旁邊的人都在看，爸爸大力幫她扣上安全帶。上路之後，爸爸說：「梅西，妳剛剛太不聽話了，如果妳沒辦法準時離開，以後就不來遊樂場了。」而梅西只是發出震耳欲聾的尖叫。

這種轉換情境的戲碼，父母都很熟悉。但是，情境轉換不需要這麼痛苦，下列提供一些幫助父母的實用技巧：

情境轉換時，先與孩子的世界建立連結

了解孩子為何無法自拔。與其揮舞著行程表，打破孩子的世界，不如溫和的把他們帶回來。從「你的世界」到「我的世界」，最後才到「我們的世界」。

‧你的世界：冷靜靠近孩子，讓他們感受到父母的陪伴

孩子的世界是他獨享的空間，可能是看故事書或玩洋娃娃。如果父母想要為情境轉換做準備，**可以先冷靜的靠近孩子、默默的坐在他**

的身旁。

　　許多父母喜歡在等待孩子時，做自己的事，像是綁鞋帶、織毛衣或削鉛筆。這並不是在打斷他，而是分享這個時刻。孩子可能會抬頭說：「這個……就像機器人，機器人抓到這些螞蟻，然後螞蟻就……」藉著故事，可以跟孩子取得連結。即使我們的話不多，孩子仍然能深刻感受到父母的陪伴，而這個動作通常只需要15～30秒。

・我的世界：在親子雙方世界建立橋樑

　　親子間取得連結後，孩子也了解父母有自己的世界。幼兒在父母能量的環抱中比較自在，因為他們想待在受保護的領域中。3、4歲起，當孩子想要更獨立時，情況就會改變。這個年紀的孩子需要一座通往父母世界的橋樑，父母可以說：「對，會飛的機器人能做很多事。等我做好沙拉，我們就去擺餐具。」這類的話能在親子間形成橋樑，父母知道孩子的飛行機器人和螞蟻世界；我們也表明正在煮晚餐，之後兩個人就要一起去擺餐具。

・我們的世界：運用動作，引導孩子轉換情境

　　現在，情境轉換的基礎已經鋪好，不僅跟孩子取得連結，也幫孩子為下一件事做好準備。如果父母只是指揮、堅持要孩子尊重我們的世界，這樣的轉換對他來說很極端，容易失去連結、失去方向、產生抗拒。只要一、兩句、幾秒鐘、就事論事即可，例如：「好吧！我們把小車車放回車庫裡，然後去把水壺裝滿。」或是「來，我們來把水壺裝滿，看你是不是能一個人把這麼重的東西搬到桌子那邊。」

　　訣竅是：不只在言語上提到水壺，而是把它從櫥櫃裡拿出來，幼兒就能把眼前事物和正在做的事聯想在一起。這同樣能用在較大的孩子身上，不過口吻會不同，因為大孩子不喜歡被當成小孩。

·孩子尚無法理解時間概念，預警時間並沒有太大用處

有些父母認為，預告能協助轉換。這些父母會說：「5分鐘後就要去擺餐具了。」接著說：「再過兩分鐘就要擺餐具了。」

預先通知常會遭到孩子反彈，只有極少數的幼兒有能力了解時間這個抽象概念。時間一到，孩子還陷在樂高玩具，或挖洞存放補給品。**提前通知與下個事件的連結力不大，孩子並沒有「5分鐘」的抽象概念，所以對他們來說沒有意義。**

先與孩子連結，面臨情境轉換反而更有效率

我輔導過的某位媽媽在大型公司擔任系統分析師，她曾高度質疑「你的世界→我的世界→我們的世界」這個教養策略。但是，使用這個技巧後，她覺得效率超好，而且一整天心情都很好。**強迫孩子迅速轉換情境，看起來省時，卻換來抗拒和糟糕的氣氛，反而要花更多時間安撫。**這個策略之所以受父母喜歡，是因為以前在情境轉換時總會面臨孩子的抗拒，現在卻是溫馨聯繫感情的時刻。

有節奏的情緒轉換，讓孩子不哭鬧就能適應不同環境

有些情境轉換是可以規畫的，當然，也有無法預料的時刻。上學的日子，每天都得叫孩子上車，送他們去托兒所或學校，建立固定的情境轉換模式非常有效。**有節奏的情境轉換讓孩子的生理時鐘和肌肉記憶快速適應。**孩子不需要去想情境轉換、不需要思考上車後的複雜步驟。

有位母親告訴我：「女兒就是喜歡小東西。情境轉換時，不是故意拖延時間，只是很容易被路上閃亮的小東西吸引。」當情境轉換變

成一種模式和規律，她發現女兒分心的次數減少，因為已經養成習慣了。

建立情境轉換節奏的三個小妙方

・**養成小習慣**：用小的習慣來應付情境轉換。舉例來說，把午餐放在廚房的同一個位置、把背包掛在同一個掛鉤、背包下面擺的鞋子都是朝同一個方向，諸如此類。聽起來很老套，但是重複和熟悉的感覺，對孩子的安全感和情境轉換大有幫助。

・**固定時間**：固定同一個時間做情境轉換。

・**哼一首歌**：這聽起來可能很奇怪，但輕聲唱歌或哼歌能幫助孩子（還有父母自己）提升大腦中心的合作意願，所以我們才會經常哼、唱熟知的歌曲。每次轉換情境時哼同一首曲子會相當有幫助，就算唱歌不準也別擔心！歌聲同樣能讓人安心。

有位父親正好驗證了節奏感對情境轉換的效用。「開始重視情境轉換的節奏後，孩子就像進入自動導航模式，順利轉換了。」他說：「真是太神奇了！不像之前，每天早上都要不停叨唸、爭吵。」

我希望，這個章節能幫助你了解時下教養的趨勢。請不要再被「假設孩子有控制情緒和做決定的能力」誤導，因為**當孩子有過多選擇時，就會產生偏差行為**。花時間消化本章節並實行，就能建立簡單教養的根基。

肆、父母如何培養孩子的「自制力」？

　　許多父母對「要孩子聽話」頗有微詞，擔心如果太嚴厲，會導致親子關係疏離。這種顧慮是正常的，因為日積月累嚴格僵化的管教模式，會讓親子間的感情裂痕越發惡化。關鍵在於「溫和堅定」的態度，**當我們的要求是公平合理，也可執行的，就可以加強親子間的情感，讓孩子有安全感、知道自己身處關愛且權威的懷抱中。**

　　「要孩子聽話」必須幫助孩子學會自制力和等待。知名的棉花糖實驗證明了這兩項能力的重要性：四十五年前，幾百個4歲孩童接受意志力大考驗，被關在放有棉花糖與其他誘人食物的小房間裡。研究人員讓他們選擇「立刻享用」，或是「忍耐十五分鐘就能得到雙份食物」。大部分的孩子都同意等待，但是很多孩子無法忍耐那麼久，有的在一分鐘內吃掉棉花糖，有的等了五分鐘、十分鐘才屈服。

　　忍耐十五分鐘的孩子，則想出各種招式避免誘惑：他們唱歌、跟自己說話，或遮住眼睛。幾年後，研究人員發現：能夠忍耐的孩子比較不會染上毒癮、變胖或行為偏差，平均成績也比無法忍耐的孩子高出兩百一十分，正是父母希望孩子成為的類型。

　　有位母親發現：孩子缺乏自制力，擔心他的未來人生會很艱難。好消息是，研究人員也發現，即使孩子自制力不足，成長期間是可以

培養的。我們該如何協助孩子增加自制力呢？

告訴孩子「我們需要時間暫停」，就是展現「自制力」的時刻

如果孩子想馬上知道答案、想得到某樣東西，讓他知道「Now」（立刻）就會變成「No」（不行）。有位父親告訴我：「管教孩子時，太快回應兒子的要求大多會讓我後悔。」

我們太習慣活在「即刻回應」的世界，讓孩子也期望我們能即刻回應，反而危及親子關係。學校老師和輔導員也說：近幾年，學生闖禍的主因是難以控制衝動。**當孩子想要立刻得到答案時，我們可以趁機練習「等待的力量」。**這不是要折磨他，而是日積月累之下，就會強化等待，建立這項必備技能。

未來，工作將逐漸偏向簽約或兼差形式，許多人會成為自動自發的自由工作者。在競爭激烈的未來世界，耐心和掌握良好的契機是不可或缺的技能：耐心等待，看到機會就要及時把握。

古時候，孩子會在狩獵時學習等待這項古老技巧：如果不知道如何忍耐，安靜的等待、如果不擅長抓準時機，就得餓肚子。所以，忍耐、控制自身衝動跟求生技能息息相關。

如果孩子無法控制衝動，長大後就會意志力薄弱，更重要的是，無法獨立。父母都希望孩子長大後能更自主，藉著本章的練習和技巧，可以幫孩子建立良好的服從。打好根基，就能幫孩子學會忍耐。

當我們屈服，孩子不僅得到想要的答案，還會故技重施。這樣的孩子會選在父母分心時出擊，讓我們措手不及。改變這個習慣需要一些準備：首先，跟孩子簡短對話。我們可以這樣說：「托比！從現在

開始，我需要想一想才能回答你的問題。如果你想馬上得到答案，只會得到一個答案，就是『不行』，而且我說到做到。」

這是很好的身教，讓孩子了解這個概念，知道我們需要時間暫停與思考。我們會說：「等一下。」或是「等我睡醒再說。」我們不只要求孩子培養耐心、掌握時機，同樣也在自我練習。示範得好，孩子也會模仿。

矯正孩子「插嘴行為」四步驟

大人對話時，不准孩子插嘴，除非有緊急狀況（流血、嗆到或嘔吐）。不插嘴正是教孩子控制衝動、學會等待。我用超級愛插嘴的小朋友蘇菲當例子，解釋重要的耐力訓練。

6歲的蘇菲真的很討厭等待，她認為每個人都得放下手邊的事、強迫別人聽她說話。大人的行為更強化了這個狀況，放任蘇菲打斷他人，還會面向（甚至蹲下）聽她發表高見。而且蘇菲想說的話，都不是緊急的事，這讓蘇菲覺得自己是個女王。

下列四個簡單步驟可以矯正孩子愛插嘴的行為，進而改善自我控制、時機掌控和控制衝動。

‧步驟一：舉起手做出「停」的手勢、不與孩子眼神接觸

愛插嘴的孩子靠近時，抬起手做出「停」的手勢，不要眼神接觸。「不看她」表達的意思很明顯，請繼續跟配偶、朋友、同事或老師說話，不要停下對話，只要把手抬起來。（高度要夠，超過讓她能跟你擊掌的高度。）

‧步驟二：向孩子示範暫停對話的基本禮貌

保持停止的手勢，繼續跟朋友聊天。你可以跟朋友說：「瑪格麗特，我很樂意繼續聊，我們家蘇菲越來越會等待了。不過，對不

起，我想蘇菲一定有很重要的話要說，否則不會打斷我們。」現在，你已經讓孩子等了五秒鐘。

·步驟三：運用平靜的口吻，對孩子耐心等待表示贊同

現在，你已經示範了基本禮貌：向朋友道歉後才停止對話。可以用就事論事的口吻安慰孩子：「謝謝妳耐心等。蘇菲，等待並不容易。」這沒有什麼大不了的，也不用像在國慶煙火秀中致辭的口吻。

·步驟四：聽完孩子的敘述，並且幫故事下結語、結束對話

你可以說：「蘇菲，親愛的。長話短說，不要講太長，瑪格麗特還在等。」如果蘇菲沒辦法長話短說，不要催她，不然她可能會忘記要說什麼，又從頭敘述。接著，替冗長、失控的故事結語，像是：「好吧！我懂了，聽起來狄倫一直吵妳。親愛的，先等一下，我等等再回來處理。」或者，如果運氣好，可以說：「妳為什麼不休息一下，不要跟狄倫玩，去看看有沒有人留鏟子讓妳挖土？」（必須確定附近真的有鏟子。）

記得，結語很重要，不要急也不要沒完沒了，否則會讓孩子覺得洩氣。十～十五秒後，如果蘇菲沒離開，就隨她去；如果她催你，就用前面提到的「Now & No」策略：「蘇菲，親愛的。妳『現在』就要答案嗎？妳知道我的答案是什麼。」然後轉回去，結束與孩子間的對話。

但世上沒有容易的事，改變需要時間，尤其是插嘴這種壞習慣，沒多久又會故態復萌。幸好，下一次發生時，除了上面簡述的四大步驟之外，什麼都不用記。不過，不同的是，蘇菲得等更久，比第一次長五～二十秒左右，這一點相當重要。練習幾次二十秒等待之後，再試試三十秒。我輔導過的父親，用過這個技巧之後說：「我本來不太想用這個方法，因為乍聽之下有點像在訓練小狗。但是，為了改變兒子老愛打斷人的毛病，什麼方法我都願意試試。沒想到，他竟然很快

教養停看聽
矯正插嘴四步驟的重點如下：
‧在孩子面前，尊重朋友。
‧向孩子示範與別人談話必需專注。
‧讓孩子明白：等待時，不會失去父母的注意力。
‧趁機（在別人面前）肯定孩子的耐性。

就學會等到適當時機再問。說起來很不好意思，我忍受這麼久，覺得好沮喪的狀況，竟然這麼容易解決。」

9歲雙胞胎的母親說：「他們不再插嘴了，只是隔一段距離，圍著我們繞圈圈，等適當時機才說話。孩子這麼有禮貌讓朋友很驚訝。」

除此之外，重要的是：孩子能得到你全部的注意力。

 ## 以身作則，讓孩子學會「專注力」

想打好孩子的發展基礎，最重要的是「注意力」。但在步調快速的今日，保持專注尤其困難，最大的挑戰就是：該如何約束孩子使用電子媒體，尤其是手機。

這並非雜誌封面上，深奧的社會問題。跟孩子在一起時，只要有電話或簡訊，隨時都會打斷我們。當手機響起時，回應的方式就是以身作則。

孩子故意調皮搗蛋，其實是為了吸引父母的注意力

幾百萬的孩子，每天都收到幾十個這類訊息：3C產品的地位至高無上。若在孩子面前不停的查看手機、電子郵件和簡訊，我們就切斷了與他們的連結。當我們急切的想跟外面世界連結，卻不小心切斷了重要的親子連線，孩子的插嘴行為就不讓人意外，因為我們也是這樣。

通常，孩子並不是故意調皮搗蛋，而是跟3C產品搶奪父母的注意力。孩子需要我們的注意力，有什麼比搞怪、無禮、強迫別人更能被看見？如果無法循正常管道，孩子就會用激烈的方式爭取，是我們開啟了惡性循環。

惡性循環的注意力戰爭：

1. 父母分心

2. 孩子覺得自己地位變低、被別的東西取代

3. 孩子鬧脾氣

4. 父母只給他們短暫的注意力

 「以家人為優先、晚一點查看手機訊息」能加強孩子的安全感

孩子活在「動手做」的世界裡，就像古老諺語所說：身教比言教更有力。我們的行為遠比說的話更吸引孩子注意，他們也根據這個基礎來建立判斷力，知道誰是安全的、誰是不安全的。**「以家人優先、晚一點再查看手機訊息」會傳達強烈、正面的訊息，也會加強孩子的安全感。**

收到簡訊或是手機響起，就像輕拍我們的肩膀。每次的鈴聲或震動聲，腎上腺素和松果體都會釋放強大的荷爾蒙，讓「立即回覆」的需求與「求生本能」相互呼應。內在聲音會略為驚慌的呼叫：「不好了！有事嗎？」讓我們不得不面對潛在危險（即使通常沒什麼大事）；當我們確定沒有危險時，會有放鬆的感覺。如今，手機變成放鬆和愉悅的源頭！隨身攜帶的小東西竟然會產生這麼複雜的情緒！

當通知聲響起時，我們要衡量「哪個重要？」即時回應以紓解焦慮感，或是建立孩子的安全感？我想答案很簡單。

「這就是現代人的生活方式。」像這樣的藉口會混淆父母對孩子最基本的責任。無時無刻跟著我們的手機才出現幾十年，確保讓孩子

舒適、安全已經是幾萬年以來的責任，也是跟孩子建立健全感情交流的必要模式。

孩子對手機的反應是：「若抵擋不過，就加入陣營。」如果身邊的大人都對3C產品這麼投入，孩子也會競相模仿、覺得3C產品是能提供舒適感、讓人逃避一切的萬靈丹。

經常上網的父母無法給孩子安全感，這種注意力轉移和互動完全腐蝕了家庭生活。**當我們將能量從孩子身上轉移時，就有放棄主權和教養地位的風險。當我們消失到虛擬世界和網路連結時，教養品質就會降低。**

父母的心思都放在3C產品，就會失去與孩子的連結

父母的心思都放在3C產品上，孩子覺得自己被取代，會經歷以下這四個階段：

‧第一階段：試探大人的回應

「看我！」（初步吸引）：孩子會以行為試探大人的回應。

如果得不到回應的話⋯⋯

‧第二階段：模仿父母行為，試圖取得連結

「隨便啦。」（矛盾式吸引）：孩子會模仿父母，把注意力放在3C產品而不是親子關係上。孩子會難過嗎？會，但可以理解。孩子行為的背後，可能仍希望藉著「一起做同樣的活動」，也就是在父母身旁使用3C產品，來恢復連結（早期遊戲階段）。或者，孩子會想：「他們會想起我，然後覺得對不起我。」

‧第三階段：孩子不再胡鬧，但父母逐漸失去影響力

「聽我說！」（成人式吸引）：父母會以為情況改善了，因為孩

子不再胡鬧，家庭生活突然變容易了。然而，當孩子忽視父母的指示時，我們會覺得沮喪、受打擊甚至生氣。孩子可能保持冷漠，也可能重新跟父母建立關係，因為我們又注意到他們了。

然而，不論如何……

・第四階段：孩子思想被3C產品影響

「我才對。」（權威倒置）：父母的心思被3C產品佔領，形成領導權真空。這時，孩子潛意識接管領導權。情勢翻轉，我們出局了！父母有失去主權的危險。為了保有安全感，孩子會增加跟虛擬世界的連結，填補家中權力真空的不安感。

儘管此時的人際關係不健全，我們仍需抱著希望。解鈴還需繫鈴人，因為我們就是減少對孩子的注意力、啟動惡性循環的人。棘手的是，我們必須夠清醒、夠勇敢面對全新卻正確的模式。不需要大聲宣佈，也不需自責，只要將家人間的連結視為首要目標。

 ## 如何避免3C產品干擾，建立高品質親子時光

1. **事先預告**：如果在等一個重要訊息，先告訴孩子，讓他們知道這只是例外。

2. **想好備案**：如果知道可能要接電話，可以幫孩子安排簡單活動。盡量長話短說、找適當時機再聊，或以電子郵件回覆。告訴孩子，如果不打擾你講電話，你會更快講完。

3. **表示肯定**：對孩子的等待給予簡潔肯定：「謝謝妳，珍妮。等待不容易，妳真的幫媽咪很多忙。」

4. **尊重雙方**：簡短告訴來電者或傳簡訊的人說：「很高興你打來，我真的很想跟你聊天，可是我現在正在陪孩子。我過幾分鐘後再

回你電話。」對來電者和孩子表示尊重。

5. **重新連結**：當你打斷親子相聚時光後，跟孩子一起做點美好的事，並且養成習慣。不需要特別，只要給孩子一點擁抱或讚美，像是籃球有進步等等。

6. **偷瞄**：如果沒辦法中斷與孩子的連結，可以偷瞄一下簡訊。除非有人頭髮著火了，否則跟孩子說：「可以晚點再回。」不但可以關注訊息，也能清楚溝通，表示你不會離開。

7. **偷偷查看**：查看手機之前，確定孩子正專心在玩，不需要你幫忙，或是有人陪他們玩。

8. **勿擾時段**：每天，設定某個時段關掉手機，完全不受干擾的陪伴孩子，也許是放學回家後、寫作業、吃飯、睡前等等。直接關掉手機，全心投入。有的父母會告訴親友，甚或在語音信箱裡表明，舉例來說：「嗨，這是萊斯里家，如果現在是上班時間，我可能在開會；如果是下班時間，我可能在陪小孩。會盡快回電。」有些人聽到這樣的方式也說，他們很喜歡語音留言有「陪孩子」這句話，也想如法炮製。

9. **看都別看**：如果電話鈴響或震動就直接說：「哦，可以晚點再回。」

10. **統一規範**：如果孩子有手機，就要設立使用規範。他們應該知道跟家人相聚時，尤其是跟你在一起時，一定不要帶手機。如果所有人都遵守類似的規則，那就容易多了。

　　有些父母會希望自己竭盡所能跟孩子共度高品質親子時光：在公園或院子裡盡情玩耍好幾個小時。但是，實際上卻很難做到。期待以久的計畫卻在早上出門前被叫回公司、冰箱空了，或是被無數瑣事打擾，父母又因此感到愧疚。要怎樣實現寶貴的親子時光呢？**若沒有較長的空檔，可以將時間分成幾小段並持之以恆，就能看到成效。**

當孩子能控制衝動、具同理心、能換位思考，就可以避免霸凌

南澳大學的肯·瑞格拜教授（Professor Ken Rigby）是世界知名的兒童人際專家，寫過許多關於霸凌、嘲笑對兒童發展與學習的好書。他發現，不論是被霸凌和霸凌者都缺乏右方的三種特質。**若孩子懂得避免被欺負、不霸凌他人，較擅長人際關係。**

這是有理可據的，能尊重他人情緒、觀點的人，就會扮演好手足、孩子或朋友的角色。對孩子來說，體貼和同理心並不是弱點，反而需要堅強的性格，才有能力暫停、傾聽。正如丹尼爾·高曼博士（註：Dr. Daniel Goleman，美國著名作家兼心理學家）在《EQ：決定一生幸福與成就的永恆力量》（*Emotional Intelligence：Why It Can Matter More Than IQ*）一書所說：許多研究報告顯示，這三種能力是影響未來工作和成就的主因。

當然，重點在於：如何幫孩子建立這三種特質？答案就在大腦科學中。第一個發展特質是控制衝動；若身邊的大人決心使用正確方法，幼兒就能學習自我控制。而同理心與換位思考能力，要到前青春期和青春期才得以發展。

當父母問4、5歲的幼兒：「你覺得亞曼達有什麼感覺？」得到的只有靜默。繼續追問會怎樣呢？「說啊！你這樣對她，她有什麼感覺？」孩子可能會一臉茫然，或是說：「我不知道。」頂多回答：「她會覺得難過？」

孩子沒有錯，只是父母不該問這麼小的孩子關於同理心和換位思考的問題，這是之後才會發展的能力；現階段應該專注於強化控制衝動的能力。儘管這章的前半段已經探討過，但我還是要再次重複：先

教養停看聽
讓孩子學會尊重能建立三種重要特質，以培養社交能力：
1. **控制衝動**：尊重他人有不同行為。
2. **同理心**：尊重他人有不同感覺。
3. **換位思考**：尊重他人有不同想法和觀點。

讓孩子聽話、守規矩，才能幫助他們定位，進而要求孩子發展現階段該有的能力。

每天的教養，就是學習控制衝動、發展同理心與換位思考能力

「從小處著手」就是教孩子尊重他人最有效的方法。**不需要說教，只要在不禮貌的言行出現時立刻糾正，孩子就會學會。**就像學習新的語言，需要長時間薰習，持續教導，就會嫻熟。我們就是在教孩子新的語言：尊重的語言。

尊重的關鍵就像格言所說：「魔鬼藏在細節裡。」細節在於每天教導孩子：我們重視的是什麼？當我們堅持孩子尊重他人、有禮貌時，就是在訓練等待的能力。當我們教孩子：不可以批評他人，或是不尊重對方時，就是在強化控制衝動的能力。用餐時，把孩子拉到一旁說：「我們家不說『笨蛋』這種話。」就是在一點一滴教孩子尊重的語言、幫他們學會控制衝動。這個方法不僅有效且實際，最重要的是，習慣涓滴可成。當然，別人也會欣賞懂得尊重的好孩子。

當我們教導孩子尊重他人時，同時也在發展同理心和換位思考。從小開始培養，孩子知道如何表現禮貌與恭敬，到青少年階段時也會如此，我們絕對可以教出會尊重他人的青少年（至少大多時間如此）。

規律可以創造安全感，進而控制衝動行為

「規律和預告」跟控制衝動、聽話和教養有什麼關係呢？規律生活是可以預期的，孩子知道接下來的行程會比較安心。規律生活能幫孩子面對做家事、轉換情境、聽話和控制衝動。期待感也是一樣，當孩子預期未來幾天、幾個禮拜，甚至幾個月後會得到某樣東西，就會忍住「現在」就想得到的欲望。衝動大多源自對明天的未知，孩子會認為：「最好今天就得到想要的。」

當孩子有安全感、知道可以期待什麼時，明天似乎值得等待。可以預測的人生，就是安全的人生。

建立規律感的四大益處

1. **提供順暢的時間流動感，避免在空間中迷失**：幫助孩子控制衝動，最重要的是提供時間流動感，讓他們感到安全、方向明確。在規律的生活中吃飯、吃點心、說故事時間、上床睡覺，都能讓孩子安心處在時間流動中。

2. **紓緩壓力**：孩子無法控制衝動、反抗，常是因為生活讓他們無法負荷，才會爆發，例如出遠門時，孩子被困在車子裡好幾個小時後的表現。這些限制讓孩子不堪負荷，就會發洩出來。如果孩子知道下課後或回家後，有安靜、放鬆的時刻和閱讀時間，孩子就會有所期待。規律感、預測性可以調配興奮和休息，就像是孩子的安全氣閥。

3. **提升安全感和安定感**：規律感是讓孩子相信：「我很安全，我知道生活如何運作，我知道晚上要做什麼。」的關鍵。當孩子可以構築即將發生的事，他們就會安心、踏實，避免大腦產生「反

擊、退縮」的反射動作，造成行為失控和教養問題。有安全感的孩子不需要對抗這個世界，也不需要整天處在高度警戒中，規律感就是放鬆的關鍵。

4. **提供次序感和時間流逝感**：規律感和具預測性的未來能加強孩子「世界是有次序的，每件事都有合適時間」的感覺。如果能給孩子規律感、具預測性的生活，然後對孩子說：「現在不適合做這件事，親愛的。」對孩子來說就有意義，孩子已經能體會日常生活中，每件事都有合適的時間和次序。

孩子會理解父母為什麼這樣說：「我知道你想玩球，可是現在是午餐時間。晚點再出去玩。」某位母親對喜歡打扮的女兒說：「哦，親愛的，狗狗看起來很漂亮，不過現在不是打扮時間，而是刷牙時間，這樣睡覺前才有時間唸妳喜歡的故事。」她發現，只需簡單說明，女兒就會聽話，因為這是熟悉的指令。

次序感能幫助孩子了解時間感，因為許多教養問題都出在：大人誤以為孩子能了解時間這種抽象概念。孩子的時間觀感不是時鐘上面的指針，而是以每天定時發生的同樣事情為基準。了解這點後，孩子會更願意配合、情境轉換更容易，父母也會有更多的樂趣。

信守承諾、建立孩子的期待感，比立即回應更加美好

若缺乏期待的藝術，孩子怎麼會聽話？等待好事發生，孩子就會產生信任感。聽起來很簡單，但有多少小孩真的相信大人的權威，並實現承諾。當我們對孩子解釋：「我知道，親愛的，接下來兩個晚上我沒辦法陪你玩，但是星期六早上可以帶你去遊樂場。」當我們描繪

即將到來的活動圖像、讓他們期待的禮物：夢想能跟爸爸或媽媽一起踢球、跟狗狗玩擲飛盤遊戲。讓期待延長了三天，遠比孩子說：「爹地，我現在就想玩球，然後去吃冰淇淋。可不可以現在就去，拜託？」這樣立刻獲得滿足更好。

有時間的話，偶爾答應孩子的要求沒關係。**隨興沒什麼不好，但若只是為了配合孩子，放下自己的計畫，就會讓孩子獲得錯誤訊息。再者，含糊的承諾，對建立孩子的期待感並無益處。**

我認識的一對夫妻覺得：若要訓練等待，建立「期待感」是很有效的方法。「孩子『現在就要』讓我們很苦惱，」母親說：「所以我們決定著重訓練等待和期待。現在，女兒會問各式各樣的小問題，她的想像力正美妙的成長。老公和我都覺得這種方式很有效，每天做一點美好的事，就能讓孩子累積一個禮拜的想像。」這對夫妻都肯定「期待」的效力，因為，想像就跟真實一樣美好。

 ## 溫和堅定的健全規範，是建立孩子人際關係的重要基礎

這章提供的教養的原則，能讓父母建立慈愛的權威，並確保孩子能放鬆、有安全感。**溫和堅定的健全規範，就能強化孩子聽話的根基，讓孩子更容易掌握付出與接受的能力，用以結交好友，並跟兄弟姊妹保持良好關係。**孩子在充滿光明力量的地方成長，然後踏進這個社會，經過忙碌和複雜的一天再返回溫暖、具預測性、安全、寧靜的家，被溫暖的權威毛毯安全包裹。

伍、「過度尊重」的流行教養，反而讓父母失去權威

│ 被忽視的莫娜 │

莫娜看起來疲憊又洩氣，她說：「每天早上，送三個小孩出門上學就像驅趕一群蝴蝶一樣困難！」她哀叫：「他們不是粗魯無禮，而是根本就不理我，只專注在自己的事情上。」

我決定到府觀察：莫娜的丈夫一大早就去上班了，送孩子上學的重擔就落在莫娜身上。我立刻就注意到，雖然莫娜對孩子有禮且和顏悅色，但他們卻愛理不理。莫娜挫敗又困惑：「我都盡量尊重孩子、以身作則。」她說：「可是我越有禮貌，他們就越不搭理我！」

莫娜沒有發現，自己已經養成習慣以懇求的口吻跟孩子互動，例如：「能不能請你……」或是「我們為什麼不……」然而，再多的勸誘和哄騙都沒辦法推動他們。莫娜說的話經常被孩子忽視，讓她更猶豫不決甚至認命。跟孩子說話時，莫娜並沒有要求孩子看著她，反而讓孩子繼續做自己的事。失敗的次數越多，莫娜就更努力、更小心、靈活、溫柔、有禮，但內心卻激動萬分。更糟的是，這些負面能量讓莫娜生病了！

集中注意力、取得親子連結、發出簡單指令

看到父母這麼努力用身教培養孩子禮節讓人感動，不過莫娜卻用了錯的方法。到府觀察的當天下午，我們在咖啡廳會面，也讓她喘口氣。

「孩子都很可愛。」我說：「真的。但是請記住：他們不理妳的原因，出在妳的溝通方式。」

我建議莫娜從兩方面著手：首先，跟孩子說話時，要求孩子放下手上的書、拿掉耳機，注意聽她說話，才能有足夠的空間與孩子取得連結。莫娜應該平靜的叫孩子停下手邊的事、看著她，因為有重要的事情要說。其次，莫娜必須改變自己說話的方式，不要給孩子建議和選擇的空間，直接提出簡單且清楚明瞭的指令。

我們討論：如何讓指令保有禮貌和尊重。她同意先試著抓回孩子的注意力，再表達要求。

兩個星期後，我在最忙的早晨去拜訪，情況已經大幅改善——莫娜變得有禮卻直接。「艾瑪，等一下，」她說：「我幫妳準備好便當了，」12歲的艾瑪抬頭，莫娜與她眼神接觸後，繼續說：「我幫妳帶了兩顆最愛吃的甜蘋果，但便當袋裝不下，得找大一點的袋子。請妳現在去找，親愛的。」

一次又一次的互動後，莫娜先「**集中**」孩子的注意力，然後**取得連結，最後發出簡單指令**。她私下透露，剛開始用「集中→連結→指示」時，尚有存疑，但很自然。讓她放心的是，這個方法顯然很有效，她說：「彷彿濃霧散開，孩子現在都很清楚我要他們做什麼事。」

下面會檢視：用最有效的方式，以便確定讓孩子合作和聽話。我

們會從神經學分析，為何「過度尊重」對孩子無效，而溫暖又肯定的指令卻很有用。以下提供幾個策略，讓父母能立刻運用。

給幼兒太多選擇權，反而讓孩子對父母的指示感到困惑

從莫娜的例子可以看出，溝通技巧決定孩子會不會認真看待指令。重點在於：以關愛的口氣發號施令，但也要夠明確。我們常說：「是不是該上車了，親愛的？」或是「寶貝，差不多該離開了，已經很晚了。」然後看著孩子自己決定要上車還是繼續玩，但內心的挫折感卻逐漸升高。化名珍妮的母親生氣的說：「我不是問他們的意見，而是有禮貌的請求，為何他們不懂？」

事實上，孩子的反應很合理，對「建議」的反射區在較遠、處理「選擇」的左腦。「建議」會以最溫和的方式，讓孩子打開腦部的選擇區；「請求」比較明確，暗示要執行某件事，只是比較委婉，可是孩子仍有選擇權：要不要執行父母「邀請」去做的事？一天的疲憊之後，不管是建議或請求，都會讓孩子感到困惑，家長也失去權威。

珍妮遇到了典型的教養問題：父母總想用溫和、讓孩子參與的方式催促兒女上車。孩子知道該做什麼，但是也有很大的自我掌控權。

給幼兒太多的選擇權，會讓孩子感到困惑，讓父母覺得沮喪。事實上，**清楚的指示或指令才能讓年幼的孩子成長茁壯**。這是最明確，也更符合孩子需要的方式：適合孩子年紀和能力，但父母仍然需要知道幼兒大腦的運作模式。

模糊的指令會讓孩子產生不確定與矛盾感

監督者的說話方式會讓孩子感到安全、不迷失自我。當我們沒有表達清楚時，因為大腦發展問題，孩子會很迷惑。當我們提出建議或請求時，孩子會聯想成：要他們做選擇。但是，處理「選擇」的大腦區域只會讓孩子有安全感和好感，而不是產生同理心。因此，某個年齡層以下的兒童，不懂觀看大局。雖然不理會父母建議似乎是自私或愛搗蛋，但事實並非如此，只是**孩子仍處在自我發掘的過程，無法整合聽話、追求個人利益的後果跟內心圖像。**

當父母問：「有誰想幫忙打掃啊？」孩子陷入「選擇→愉悅→圖像」的迴圈，而不是「行為→後果」的選項。孩子可以感覺到：雖然媽媽是問要不要，但其實是命令他做這件事。這種模糊的訊息會讓孩子感到不確定和矛盾，產生大腦思路的「迷宮」。或許孩子有能力分辨，並照父母的話去做，但父母卻選擇了迂迴的路線。

若要了解，可以深入檢視幼兒的大腦發展。大腦斷層掃描顯示：5歲孩子負責判斷和做決策的大腦區塊尚未發育完全，但會隨著年齡增長更加成熟，到青春期會更活躍。下面探討，這個區域主要負責的三種重要判斷。

孩子的大腦尚未發育完全，無法連結行為與後果

第一種判斷跟結果有關。建議孩子時，我們會說：「想上車了嗎？」孩子會解讀為：「上車會有好玩的事嗎？」所以假如媽媽說：「艾莉莎，想上車了嗎？親愛的，我們得去接亞當，還要去買東西！哦，我們也不能太晚回家。」媽媽想用親切、體貼的方式勸她上車，但艾莉莎不會想到亞當的事，也不在乎購物或是趕不上晚餐時間

可能會延誤睡覺時間。也不會想到太晚睡覺隔天會生悶氣、難搞，她對這些事情毫無興趣。

艾莉莎想：「我想上車嗎？不想！沙箱好玩多了！」就這麼簡單。艾莉莎的大腦區塊尚未發育完全，無法連結行為跟後果，更無法綜觀全局。身為監督者，我們才是掌握大局的人，而不是期望孩子做他們做不到的事。

年幼的孩子尚未發展同理心，無法自行調節情緒與行為

第二和第三種判斷，分別是：判斷出他人感受，進而調整自己的行為、發展情緒靈活性。4、5歲以前，大腦無法做出這兩種判斷，因為該區塊仍在發育，無法完全理解原因和後果，也尚未建立快速判斷他人需求的情緒靈活性。

父母都看過：孩子全神貫注在挖土、畫畫或跟朋友追逐的遊戲。我們認為，孩子需要顧慮我們的感受，尤其我們已經付出這麼多，但父母的需要對孩子來說，沒什麼影響力，猶如馬耳東風。父母可能會想：「哦，我的老天啊！我養的是冷血動物嗎？他們只在乎自己，完全不顧他人，連媽媽都不在乎！」並非如此！答案很簡單：原因就是負責同理心的大腦區塊尚未發育。5歲孩子負責同理心的大腦區塊並不活躍；要到9、10歲左右，才變得活躍。

 ## 當父母對幼兒提出「建議」時，他們需要時間考慮與回應

孩子能應付建議和要求，但需要時間回應，且答案大多是緩慢、分散的。另一方面來說，父母被拖延，所以想讓孩子了解世界不是以他們為中心，情急之下就會有：「是不是該準備出門了？」這樣的建

議。孩子需要時間把父母的建議放進選項裡，而父母卻可能把這樣緩慢的程序詮釋為故意拖延、自私自利，而不是大腦尚未發展完全，導致思考動作緩慢。這樣的狀況我稱之為「聯想錯頻」，例如：

父母問：能不能請孩子做某件事。

孩子顯得心不在焉、拖延時間。

父母感到挫折，又想要快點進行。

孩子反抗，因為大腦還在處理要怎麼回應。

父母越是重申，孩子就越困惑，因為他知道自己沒有跟上父母的步調。

這樣的情況會讓孩子越來越沒安全感、容易誤解、迷失自我。強烈的自我迷失感最有可能觸發情緒失控，不知不覺導致最壞的結果──親子關係緊繃。如果時下流行的教養傾向尊重幼兒的意願、不給明確的指示，為什麼會出現這樣意外的結果？假如這個方法如此完美，為什麼會讓人這麼不舒服？我們要做的，是加強跟孩子的關係，而不是破壞。

或許你會說：「問題沒那麼嚴重，孩子只是鬧點小脾氣而已。」但是這些小爭吵可能會越演越烈。更重要的是，這些小摩擦會慢慢讓親子關係每況愈下。我們都希望有正面的親子關係，而不是爭吵和情緒失控、不信任彼此，造成誤解的裂痕。

 ## 為什麼孩子不願意聽從父母的建議？

一天之中，當孩子被問了幾十次：想要什麼、想做什麼，而不是被告知該做什麼事，會讓他們困惑、不高興。以下總結了這種狀況下，孩子內心的七種看法。希望能讓父母自我激勵、降低對孩子的傷害。

教養停看聽
當我們對孩子提出要求時，注意下面三點，能幫助我們成為慈愛的監督者：
1. 提出建議或請求時，給孩子時間考慮和回應。
2. 孩子的回應可能不如我們預期。
3. 若要去某個地方、做某件事，避免用建議的方式。

1. **圈套：「若不照爸媽説的去做，就倒楣了，即便他們看起來像是在問你的意見。」**

   這是非常生動的形容。表面上父母問孩子的意見，但是，若孩子的回答不是我們想要的，就會有麻煩。

2. **焦慮：「當我在想該怎樣回答時，真的很緊張。」**

   這段話來自焦慮的小女孩。她很想配合，很想從眾多問題中找到正確的回答方式，但是所有問題都讓她覺得緊張、難過。父母一旦了解到自己給女兒的建議對她有負面影響時，請改成指示，讓她的焦慮感退去，感到踏實和安全。

3. **包著糖衣的毒藥：「他們是在問我意見，還是故作親切？實在是很恐怖。」**

   當父母問：「你想不想上車呢？」有些孩子會明白我們的意思，可是卻不是每次都能確定我們的用意。我們是在詢問，還是要求？孩子知道我們想要他們上車，我們的內在聲音會説：「上車。我們要遲到了。」可是説出來的卻是：「你『想要』上車嗎？」這種模稜兩可的話對孩子來説，真的很可怕：當我們走到孩子身旁，急促的提出建議時，他們看得出我們表裡不一。

4. **角色混淆：「我好像可以做決定，但事實並非如此。」**

   矛盾的訊息會讓孩子感到困惑。6歲男孩湯米跟朋友説：「我覺得，媽媽親切的問我想要什麼。但是當我説出來後，她卻很生氣。」湯米覺得，媽媽想當個好母親才會禮貌性問他意見，所以湯米做了自己認為應該做的決定。但是當媽媽生氣時，湯米卻覺得困惑又受傷。前一秒被要求像大人般做決定，以為自己被當成可以做決策的大人；結果下一秒，他卻被推回小男孩的角色。可以想像，這對孩子來説有多麼困惑。

5. **學校與家中的訓練互相衝突：「老師總是愛找我麻煩，她老是叫我去做事，而且還要照她的方式做。」**

8歲的麗莎不喜歡學校。她很想把事情做好，老師和父母也希望她成功。但兩邊的管教方式互相衝突。麗莎的父母是「建議請求型」；老師為了管好全班同學，是「發號施令型」。孩子很少聽到老師這樣說：「三年級的同學，有人願意把鉛筆放下嗎？」或者說：「如果大家都能自動在門口排隊，就很棒。」用這種方式管理班級，老師的教學生涯只會短暫而精采，所以絕不會用這種方式。簡單來說，如果父母計畫送孩子上學，就得讓他們習慣這種方式。

6.照我的方式做：「別的小孩覺得我很霸道，但我知道該怎麼做。」

若父母經常用「建議請求」模式教養孩子，將來可能造成孩子經常遭遇交友挫折。孩子習慣被大人詢問意見、習慣照自己的方式做事，會想掌控其他小孩。他們已經習慣當決策者，會疏遠懂得分享、願意妥協的孩子。

7.寂寞的將軍：「我不在乎有沒有朋友，我寧願做我想做的事。」

學校遊樂場裡，這種小孩很多，且大多來自「建議請求」型的家庭，較難接受其他小孩的建議。良好的人際關係需要靈活度：得少數服從多數，而不是堅持自我。現今，學校團體裡都有許多孩子來自這種家庭。當這些孩子與他人接觸時，就會爆發衝突、權力爭奪。他們不懂得讓步，一旦僵持不下就會徹底遠離團體，寧可管理一人軍隊。

然而，這些孩子常常不快樂、感覺不受重視、埋怨其他孩子和老師都不了解他們。孩子可能很想跟別人玩，但就算老師有再多監督者技巧都無法軟化他們。只有父母能解決問題，幫助孩子學會服從，而不是自己做所有決定。

集中注意力、建立連結，就能讓指示更加容易

　　教養是一場親子之舞，當雙方有意願時才能順利進行。舉個例子：在邀舞之前，我們會先觀察對方是否身體前傾、渴望加入舞池的樣子。如果是，就可以充滿信心的伸出手，邀對方共舞。反之，如果對方靠在椅子上，眼神遲疑，就要更加謹慎、敏銳。可能會先閒聊、感受一下氣氛、在邀舞前先建立默契。而不會把他硬拖進舞池，逼他跳舞。

　　良好的教養模式也是一樣，應該根據孩子的心理狀況調整父母接近的方式：有時候我們可以坦率、有時候要用緩慢、輕柔的方式，尤其是當孩子遭遇挫折、內心脆弱焦慮的時候。

　　調整模式可以建立更強的連結，這就是加拿大心理學家高登・紐菲德與他人共同執筆的《緊抱孩子》（*Hold On to Your Kids*，無繁體中文譯本）一書所說：不容小覷的「集中與連結」。**如果先與迷失自我的孩子產生集中和連結，他們可能會比較聽話。**如果對方同意我們的邀舞，就能立刻舞動，雙方扮演好「教養之舞」中，領舞和跟隨的角色，就會舞出美妙線條。監督者擔任領舞者，不代表不能跟孩子有輕鬆愉快、親近的關係，而是讓跟隨者有安全感、被擁抱的感覺。

　　下列幾個要點，能幫助我們直接集中和連結，還有，別忘了好好享受這支舞。

坐到孩子身邊而不是正對面，可以讓孩子感到安定

　　如果不是進行得很順利，當我們覺得孩子一聽到我們開口，就可能生悶氣或發脾氣時，請相信自己的直覺。在他身旁坐下（不要坐到正對面，因為會有挑釁的意味），兩人面向同一個方向。此時，我最

喜歡說的是：「嗯，這很困難。」沒有批判意味，也表示我們並不是要施加壓力，而是了解孩子的處境。當孩子改變姿勢，或是態度稍微軟化時，也不要說太多話。我們正幫孩子集中情緒、靜靜的取得連結。當孩子習慣我們之後，事情就能快速解決，比起爭吵要好得多。他們會本能的把「父母冷靜的靠近」聯想到安全感和安定感，相信一切都會平安順利。

　　當我們做出不具威脅性的事情時，像是削馬鈴薯或修補毛衣，會讓這樣的「並排停車模式」更有效率。我最喜歡做的是：隨意翻閱喜歡的童書。

強迫孩子正視我們，可能會造成反效果

　　身體語言是溝通的主要部分。碰到教養難題時，父母常會堅持孩子正視他們的雙眼。雖然這是監督者的要求，但強迫孩子正視我們，可能會變成獨裁者。這個時候，我們可能會看見孩子的眼神因為怨恨變得冰冷。當我們感覺不受尊重，要求孩子注視我們；即便孩子照做了，情況還是會惡化。這時，可以換成另一種連結型式，例如上面形容的「並排停車」。這樣做，即使孩子看著地上，身體語言也可能軟化，這是第一個跡象。這個時候，要求眼神接觸比較容易成功，當孩子眼神軟化的同時，我們可以感覺到孩子正在尋求協助。

要求孩子前，都必須「暫停、集中與連結」

　　最好避免突如其來對孩子建議與請求，這樣的請求如耳邊風，說越多越沒用。當然，我們常會犯這種錯，因為生活忙亂在所難免。當我們手忙腳亂時，叫孩子去做某件事是自找麻煩。看看喬伊絲的例子就知道了：

喬伊絲想叫三個小孩下車，進學校去。「美樂妮，美樂妮！我們是不是要上車了？提米，為什麼不把積木裝好？快點，布蘭登。衣服的標籤刺刺的話，要不要把毛衣反穿？」在這個令人害怕的時刻，喬伊絲盡力保持冷靜並正常運作。她手上拎著大包小包，另一隻手抱起狗，上車並發動車子。呼！然後轉身看後座，沒半個人！孩子利用喬伊絲的建議口吻，以四兩撥千斤的方式，一個個跑走了。

於是，喬伊絲下車，朝屋子走去。每走一步，就越像美國演員克林·伊斯威特（Clinton Eastwood, Jr.）在電影中的角色：在槍林彈雨中，怒氣沖沖的用力踏著腳步。她發現美樂妮靜靜的在看書、布蘭登換上比較適合海邊，而不是陰冷多風的日子該穿的衣服、提米則突然玩起攻城堡壘的遊戲。

孩子最愛父母喊話了！尤其是從另一個房間喊話，等於是叫他們什麼事都不用做。孩子的第六感知道「我們是否說真的」；不確定的時候，他們會權衡得失，且大部分的時候都會決定忽視。

不管多忙碌，父母都需要撥出幾分鐘跟孩子「暫停、集中和連結」。舉例來說，喬伊絲可以說：「你已經蓋好最高的塔樓了，提米！從塔樓可以看到很遠的地方喔！我們現在得先離開塔樓，把積木裝好、外套穿好。」這表示喬伊絲認可提米的創意和努力，並且給出清楚的指令、陪他幾秒鐘，確保孩子照做。

發號施令時，必須站孩子身旁不到兩英呎的地方

發號施令時，站在不超過孩子身邊兩英呎的地方。如果孩子的身體語言是正面的，提出要求時可與他保持眼神接觸。

有些父母提出孩子不願意做的要求時，喜歡離得老遠。這個時候，應該把孩子帶到安靜的地方，並確保雙腳穩穩的站在地上。有位

父親説：「提出要求前，我會動一動腳趾，確定有站穩。」另一位母親説：「感覺雙腳穿過鞋子，往溫暖的土地中紮根後，我才會開口。」聽起來可能很傻，但是讓身體接觸地面，會大大影響談話中的內在根基。

　　這個方法有什麼好處呢？累積十次，就會得到十倍的效果。我們可以在樓下喊：「孩子，該走囉！」他們會馬上下樓，也明白，如果不服從，父母就會跑到他們面前再説一次。假以時日，孩子就會明白，我們也能稍微有彈性。如果孩子的情況又變差，只要再次使用此法，孩子能感覺到：**聽話時，父母會給他們多一點空間；不聽話時，父母就會靠得很近。這種深思過的彈性，也是從監督者轉換到栽培者的基礎。**

清楚的指引，可以讓孩子找回安全感、避免失控

　　前面已經解釋「過度尊重」和「讓孩子選擇」的壞處。現在來看看「發號施令」的好處。記住，**孩子不是不聽話，而是迷失自我，讓孩子自我定位的關鍵是用指令取代建議，幫他們找回方向感。**就像公園管理員遇上迷路、慌張的孩子，我們只需微笑著説：「別擔心，這裡很容易迷路，不只有你。跟我來，我會帶你走正確的路。」若有親切又有經驗的管理員帶路，孩子會鬆一口氣。管理員很熟悉這些小路，也不覺得自己很笨，加上簡單的指示，就能幫助他們繼續走自己的路。管理員不會説：「喔，前面有三條路你可能會想看看，你會知道哪一條最適合。第一條路要往西邊，有點難走，但風景很美。第二條路比較快，但聽説有熊會攻擊人。第三條路要沿著河邊走，但碰到前面的叉路口，你得選東邊那條路。我得走了，孩子，祝你好運！」**我們沒有察覺到經常給孩子太多選擇、建議和懇求，讓孩子迷**

失在叢林裡，而非他們真正想要的明確指示。

以下六個關鍵，能幫父母給孩子明確指示：

1.清楚表達期望：「我要你這樣做。」

在指令中清楚解釋我們的期望。聽起來很基本，但建議和懇求就沒有這個效果，也容易讓孩子困惑：不確定父母的期望是什麼。

2.同理心和堅定一樣重要：「我知道這對你來說很困難，但我們現在要走了。」

提出要求時，可以親切並具有同理心，口氣不一定要嚴厲、銳利。

3.清楚說明家庭的價值觀：「不可以，我們家不用這個字眼。我們說話都盡量親切、友善。」

利用機會教育說明我們重視的家庭觀，每天都是很好的練習時間。

4.讓親子間方向一致：「我們都是這樣做的，蘇菲。」

即使孩子欺負兄弟姊妹、脫離家庭的律動，明確的要求就像讓孩子回游的激流。讓他能跟著父母一起漂流，而不是獨自逆流。

5.展現權威和溫暖：「讀完那頁就關燈。明天有重要的事呢！」

清楚的要求能讓孩子有安全感，知道有雙溫暖、威嚴的手在操控方向盤，也就是孩子知道家裡有人掌權、發號施令。例如，有位母親告訴我關於女兒喬妮的故事：

在朋友家過夜後，喬妮說：「媽，妳知道嗎？凱特琳的媽媽老是在問：『妳要上床了嗎？』然後凱特琳會說：『還沒，快了！』『好啦，快了。』然後她爸爸也會上樓來問。奇怪的是，我們熬夜到很晚才睡，早上都覺得很累。所以凱特琳脾氣不太好，跟她爸爸大吵了一架。真開心妳沒有這樣對我，只會叫我們上床睡覺，然後確定我們有聽話。」

6.提前準備：「收拾東西，親愛的，我們要去接丹尼回家了。」

指示能讓情境轉換更簡單明瞭；建議和讓孩子選擇則會使情境轉
換變得窒礙難行。

 ## 幫孩子分解複雜動作，可以讓指示更容易執行

要求可以架構方向，幫孩子將複雜動作分解成更容易執行的步
驟。釐清有效引導和模糊建議的不同，就可以將尊重的選項改寫為明
確的要求：

· **建議**：「麗莎，妳要上車了嗎？」

· **要求**：「麗莎，把腳踏車停好就上車了。我們把腳踏車放進小
庫房裡，記得要關門喔！」

建議	要求
「早餐想吃什麼？」	「今天是禮拜天，我們來吃鬆餅！把鬆餅材料拿出來吧！」
「我們來打掃好嗎？」	「打掃的時間到了，先從這些箱子開始整理。」
「講那些話對嗎？該不該道歉呢？」	「你可能心情不太好，可以先在這裡看看書，想講時就告訴我們，然後我們一起去跟安娜說清楚。」
「大家是不是該穿上外套了呢？」	「現在，請把外套穿上，然後穿靴子。這樣就對了。」

簡單、明確的指令可以讓孩子更容易了解、有安全感

「指令」能幫孩子了解整個情況。幼兒負責觀察的大腦區塊尚未發育完全，因此需要我們的幫助，了解當前發生的事情。監督者安排好當天的行程，並讓孩子了解、有安全感，避免進入「反擊、退縮」的抗拒模式。

有位全職爸爸被不聽話的小孩折騰了半天才發覺，4歲的女兒並沒有概念。「就像迷失在半空中，」他說：「情境轉換時，她就很不高興。」這位爸爸開始在情境轉換前給女兒明確的說明。「我就是克蘿伊的地圖，我會先告訴她一些資訊，她也慢慢學著看地圖。很有效，她現在進步很多。」

「要求」能夠縮小想像的地圖，指引孩子「用什麼方式到達要去的地方」，同時拯救災難的一天。簡單的指示很好，但是5、6歲前的孩子需要大人幫助他們。**如果不加以說明，幼兒會很困惑，不知道我們希望他們怎麼做，於是反抗或苦惱。**

父母可能會說：「老天！我已經跟她說我們得去搭公車了，她為什麼就是不肯合作？」重要的是依照正確的次序發出要求。對孩子來說，多步驟的事情就像DIY家俱，除非按部就班，否則無法完成。**提出要求前，先安排好次序，讓孩子更容易執行。**否則在管教困境時，我們更容易弄混次序。

不要一次說太多步驟，免得孩子記不住。最好循序漸進，別指望他們記得所有的事。試著說：「很好，伊藍，現在午餐打包好了，接著要用大塊的藍色海綿清理桌面。」幾分鐘後再說：「好了，桌面快清理好了，現在把盤子疊好。」

記得，上個步驟尚未完成前，不要提出下一個要求。我們必須流暢的銜接每個步驟，若失去流暢感，孩子會以為他們做完了，可以出去玩了。

你可能會想：「聽起來光是打包午餐和收盤子就很麻煩了！」可是一旦養成這種習慣，就會很自然。連貫的動作能省下很多時間，重要的是，跟孩子會更親近。

某位已經當外婆的女士跟我說：「女兒莎拉經常告訴我，外孫女伊莎貝拉跟我在一起時，功課做得又多又好，不像平常一樣拖拖拉拉。莎拉和我認為，因為我做事很有方法，伊莎貝拉了解我對她的期望，這讓她覺得很有安全感。」她露出開心的笑容說：「這完全不會減少伊莎貝拉對我的愛，如果這樣能預防孩子哭鬧，任何人都該學習。」

先給概念再執行步驟，且絕不重複同一指令

很簡單，先給孩子概念，再給執行步驟。例如：

· 指示（概念）：「迪安，我們很快就要出門了，今天得早點去接哥哥。」

· 要求（步驟）：「幫我把你的午餐放進背包裡，然後去穿外套，因為今天很冷。」

問：孩子拒絕怎麼辦？

答：絕不重複同一個指示，清楚說明細節。

父母常常會不斷重複，然後用挫敗的口吻說：「為什麼要叫十次才肯聽呢？」有位媽媽告訴我，有次，機伶的孩子回答：「第一次我不用聽，反正妳會再說九次。媽，這樣我就有更多時間玩樂高。」當

時，她忍不住笑了出來，但孩子的話卻喚起她的警鐘。

如果孩子拒絕或忽視我們的指示（無論有沒有開口），不要提高音量一再重複。孩子沒有聽覺障礙，提高音量也沒有用。

這裡有幾個父母自我訓練的方式，就像運動員的「賽前想像」技巧。你可以考慮下列三項選擇：

1.回歸自己的本性，而不是一頭栽進衝突中

當孩子不聽話的時候，有的父母會覺得情緒逐漸升高。「我覺得火氣上升。」他們會這樣說，或者說：「我覺得情緒高漲、心煩意亂、眼淚湧了上來，實在太困難了。」或是「我已經偏離了自己的本性，我不喜歡這樣。」有的父母會用「勇往直前」來形容：「彷彿一頭栽進衝突裡。」或是「我可以感覺到自己咄咄逼人。」教養出問題顯然跟能量和方向有關，我們可以簡單、直覺的處理：試著「下降」並「返回」自己的本性，而不是「上升」和「偏離」。

2.想像身披沉重的斗篷和胸針，感受這些物品的重量

若覺得自己快要偏離本性、變得咄咄逼人、幾乎要產生衝突時，在心中想像：披著美麗拖地的緞面或絲絨斗篷，將純金、沈重的胸針固定在胸前。斗篷從肩膀垂落，蓋住背部和腿部，讓衣襬碰到地面，每一步都能感覺到垂在身後的重量。

3.想像雙腳是厚實的獅爪，與地面產生連結

當我們因為挫敗，導致火氣上升、快要偏離本性時，想像雙腳就是厚實的獅爪。把雙腳張開比肩膀稍寬、放鬆腳趾扭動雙腳，讓腳柔軟張開，跟地面產生美妙、深沉、強烈的連結。

練習是為了改變跟孩子相處時潛藏在心中的負面情緒。有些父母會每天用幾分鐘想像上述畫面，練習空間動態（Spatial Dynamics）和Bothmer體操，以便隨時運用；也有父母不需練習就能在心中產生

圖像。

　　當我們運用這些想像技巧後，可以嘗試第三章的五大要點：身旁原則、把工作分解成小步驟，要特別注意「溫和而堅定」的步驟，不要讓孩子討價還價，堅持他們完成工作。

　　這裡有幾個可以嘗試的方法，讓我們不被拉進孩子的藉口或討論中：「不，我不想再解釋了，約書亞，照做就是了。」「我知道這很困難，但我們還是要做。」「對，之後可以再討論，我們先這樣做。」

教養停看聽
Bothmer體操是一組特定的空間性運動，用以協助成長中的孩童掌握自己的身體並改進肢體表達。

 ## 語言發展，互動品質比起互動次數更加重要

　　流行趨勢跟異國文化都會影響教養。近來的趨勢是對嬰、幼兒和兒童解釋每件事情，我們總是忙著想「該怎麼解說」。有個年長的鄰居告訴我：「兒子只會不停的說，但是孫子都當耳邊風。」

語文能力不代表聰明

　　「越常跟嬰兒說話，長大後就越聰明」這句暢銷教養雜誌上的簡單大標，就誤解了這項紮實的研究。我們都希望孩子聰明，「聰明」或許很吸引人，但不完全正確。這句標語暴露了自己的無知，因為研究報告證實：**常跟孩子說話，語文能力發展較好，但語文能力不代表聰明。**

　　美國發展心理學家霍華德·加德納博士（Howard Gardner）在《多元智能》（*Multiple Intelligences*）一書中列出：語文只是一項智能，其他還包括邏輯智能（數學）、人際智能（社交能力）、內省智能（了解自己）、自然觀察智能（對自然界的敏銳觀察）、肢體動覺智能（肢體協調良好，擅長運動、演戲和跳舞）、視覺空間智能（想像

力）、靈性智能（精神）和音樂智能。

很多父母被誤導，以為對孩子講話就能確保有成功的未來。令人憂心的是，這種觀念過於簡化，容易誤以為這樣就能養育出全方位的天才，而父母（和老師）似乎偏重培養孩子這方面的能力，於是養成了嘮叨的習慣。

重質不重量的互動溝通，才是語言發展關鍵

這些簡短、誇大的文章通常都沒有指出研究重點：互動品質才是語文能力發展關鍵，而非數量。研究兒童語言發展的安卓雅娜‧維斯雷德博士（Dr. Adriana Weisleder）在二○一三年史丹佛研究討論中說：「嬰幼兒靠與人情境互動學習語言。」父母好意對嬰幼兒說一堆含糊不清的廢話，是沒有意義的。

教養停看聽
當我們發現自己跟孩子說話偏離主軸時，試試我同事達維娜‧慕斯（Davina Muse）的W.A.I.T.方法，問自己：
Why Am I Talking?（我為什麼要說話？）
這能把我們拉回溝通的主軸、用更精簡的話來表達。

某次的教養工作坊後，有位母親寫下這段話：「我是小學老師，35歲才生第一胎，所以讀了很多教養書籍，想給孩子良好的語文學習環境。然而，越是遵從主流教養方式、盡可能跟孩子說話，孩子卻越不聽話（我說了很多），這真是令人煩惱。參加工作坊後，我決定少說一點，只講他們需要執行的事項。現在，當我說話時，孩子會看著我，朝我跑過來。這聽起來只是小事，但讓我覺得鬆了好大一口氣，孩子的反應已經不同以往。」

出自好意卻被孩子誤解的話，傷害很大，這跟切斷親子間的連結有很大的關係。兒童心理學家主張：**如果沒有跟孩子建立好的依戀和親近，會產生各種偏差行為。**

有目的性的動作，可以加強孩子對語文的連結

對於他人的動作和手勢，幼兒有很微妙的見解，會透過觀看和模仿來學習；長大後，從孩子的言行舉止，就可以知道身教的影響有多深遠。大腦科學指出：幼兒甚至能感受到父母想要什麼。如紐約時報

曾經報導：「藉由觀察我們的行為，幼兒可以解讀我們的意思。」

我絕不是暗指語文發展不重要，相反的，我們需要用最好的方式幫助孩子發展良好的語文能力。利用語言跟有目的性的動作連結，讓孩子遵循本能學習。

當我們連結語言和動作，就會：

1. 加強孩子的神經系統強度。

2. 讓孩子更容易理解我們的話。

3. 提示孩子我們想要的。

4. 孩子會在心裡鏡映，然後用行動表示。

以下幾個提示可以讓我們用動作幫助幼兒聽話：

1. 開口前，先讓自己暫停一下，跟孩子產生連結。讓自己慢下來，面向孩子。

2. 當我們面對著櫥櫃，或正要出門的時候，不要背對孩子說話。

3. 靠近孩子才開口（2～5英呎間的距離）。

「先行動，再說話」讓孩子更容易執行我們的要求

· **動作**：牽著孩子的手走向門口，暫停一下，然後……

· **要求**：「蘿莉，該上車了。」

· **動作**：拿出大的平底鍋說：「今天是星期天，吃煎餅的日子！」暫停一下，然後……

· **要求**：「我們拿出攪拌用的大碗和湯匙。」

· **動作**：拿出裝玩具的大籃子。暫停一下，然後……

· **要求**：「整理時間到了。」

・**動作**：從正面或側面抱起小孩（不要突然從後面抱起，以免嚇到孩子）。暫停一下，然後……

・**要求**：「我們不打人，你一向對姊姊很溫柔，一定有什麼事讓你不高興才會打人。你可以在我旁邊看書，直到你想跟莉莉和好。」

・**動作**：穿上外套，拿外套給孩子穿時。暫停一下，然後……

・**要求**：「手從這裡穿進去，伊莉莎白，現在換另一隻手。對，就這樣，現在拉上這個拉鍊。」

這些有目的性的行動對幼兒來説，不僅是安撫和踏實感的關鍵，還不需用言語表明家長立場：

・**以身作則就是最好的示範。**幼兒靠視覺和身體來理解，用動作跟他們溝通，就加強了語意。

・**有目的性的動作能明確表達父母的意思。**表示我們會徹底執行要求。

・**動作能清楚表明，孩子是家庭活動的一分子。**有目的性的動作能加強情感連結；爭吵和吼叫則讓孩子學會大吼大叫、產生疏離感。

・**孩子會有樣學樣。**這點很重要，因為孩子靠模仿學習；當他們的大腦運作是：先動作再説話時，孩子就能聽懂我們的話。

・**父母有所動作能產生「共同」的感覺，滿足孩子想從父母那得到安全感和信任感的需要。**如美國心理學家艾利克・艾瑞克森（Erik H. Erikson）在《童年與社會》（*Childhood and Society*，無繁體中文譯本）中指出，缺乏這種安全感，孩子就無法進展到下個成長階段。當然，不是每個孩子都會照艾瑞克森的理想發展。因為生長環境的關係，有些小孩很慢才建立起安全感和信任感。但是這個階段的能力發展完成後，才能進入更高階的人際與情緒發展。

艾瑞克森的發展階段理論：

1. 信任v.s.不信任（希望，0～18個月）。
2. 自主學習v.s.羞恥心（意志力，18個月～3.5歲）。
3. 主動學習v.s.愧疚感（目的，3.5～5歲）。
4. 勤勉v.s.自卑感（能力，6～12歲）。
5. 自我認同v.s.迷失自我（可靠性，13～20歲）。

濫用「暫停法」，孩子只學會「拒絕面對問題」

當孩子行為不當時，父母都會使用這裡所說的「暫停法」。儘管這是教養法寶，但是濫用可能讓孩子認為父母是獨裁者，而不是慈愛的監督者，也暗示並強調「解決問題的最好辦法，就是趕走問題」。

拒絕是強大、原始的訊息，會啟動原始的恐懼感，讓人擔心被團體驅逐，導致「反擊、退縮」、集結群體的求生本能、啟動心中最脆弱的感覺。直覺告訴孩子：父母能保護他們的安全和生命，必須依靠父母才能生存。

以下是過度使用暫停法的隱憂：

‧在暫停時繼續生父母的氣，不肯接受自己做錯的事實。
‧無法將自己的行為與暫停產生關連，當父母問：「為什麼我們要暫停？」（許多教養書籍都這樣寫），孩子會聳肩回答：「我不知道。」或者會說父母想聽的話。
‧因為被父母趕走，覺得自己很壞，即使安慰孩子問題出在行為上，仍難以接受。
‧怪罪父母或兄弟姊妹。
‧否認，甚至說謊。
‧找機會報復兄弟姊妹，認為是他們害的。

這種**以拒絕為基礎的教養方式**，更大的隱憂是：可能會影響孩子**將來的親密關係**。我們都希望，孩子與未來伴侶不只能同甘也能共苦，不希望他們在伴侶有困難的時候，不想努力共同面對就輕易拋棄對方。如果希望孩子未來能跟朋友、同事和伴侶有深刻的感情，就不能濫用這種方式。

我們並非要用柔性的教養方式。教孩子為自己的行為負責，如果不責怪、羞辱和孤立孩子，他們才會看到行為帶來的後果。以下是替代的教養方式：

與孩子一同脫離環境，而非痛苦的隔離

許多教養書都寫到：當孩子抗拒或挑釁時，如何轉移他的注意力。這種方式讓孩子跳脫現狀，轉移到重新看待事物和回到自我。然而，很多父母（和老師）發現，這樣反而使情況惡化。原因是：孩子有被趕走的感覺。

轉換環境時，最有效的方式是與孩子共同行動。父母可以說：「我們一起⋯⋯」、「我們需要⋯⋯」、「跟我來⋯⋯」或「我在想我們要怎樣⋯⋯」通常都能成功。回到那句老話：「先行動，再說話。」

這裡有幾個實際的例子：

- **轉移注意力合作法**：「今天晚上的睡前故事要講：可憐的艾爾會遇到什麼事。我們趕快跳出浴缸，準備講故事吧！」
- **跳脫現場**：「哦，老天！跟弟弟這樣講沒有用。我們先把葉子掃一掃，等他冷靜點再去找他談。」
- **可接受的替代方式**：「哦，茉莉，剪刀不是用來剪窗簾的。我教妳怎麼剪，我們可以剪幾個可愛的圖案掛起來。」

當孩子冷靜下來，仍然要與孩子解決當時的問題

與孩子一起轉移焦點對學齡前幼兒很有幫助，但是卻可能妨礙大孩子學習解決問題的技巧。使用轉換法幫孩子跳脫後，在恰當時機，冷靜跟孩子談談當時發生的事、討論怎麼做會比較好。如果覺得一切順利，與孩子取得情感連結，就將他帶回問題點，用簡單步驟糾正他。

用轉換方式引導孩子跳脫困境時，可能會剝奪孩子解決問題的責任，而不是教孩子學會解決難題。我們不希望孩子覺得自己可以為所欲為，反正父母會收拾殘局；若是他們不滿意結果，也會反過來責怪我們。所以，再次重申，得跟孩子建立良好的情感連結，然後讓他們面對問題。記住，對於越年幼的孩子「先行動，再說話」。

不要用像是：把孩子關在房間，或罰他們獨自完成工作這種懲罰。即便跟孩子一起轉換，也不要找太大或太複雜的任務，以幫助孩子回到自我、跟我們產連結為目標。

依照孩子的個性，量身打造解決方法

「不贊同→肯定→發現→重做」（DADD：Disapprove—Affirm—Discover—Do Over）是個有效的方式，能重整父母說話和做事的次序，讓情況不會繼續失控。即使孩子剛剛做錯事或說錯話，也能讓我們用「安慰孩子」的口氣和出發點，表示在乎他們、愛他們。這個方法能讓父母堅定、直接的處理問題，又能跟孩子建立更強烈的連結。

處理事情要考慮到孩子的個性，量身打造最有效的解決辦法。了解孩子的性情，才能確保找到正確且重要的時機點。

可參考下列清單，淘汰不符合的類型，就能找出孩子的性格。通常，孩子有主性格與潛藏的次要性格。比如說，主性格是支配型，但也很敏感。通常，這種小孩說話和做事都很強勢、喜歡挑戰；但是，兄弟姊妹或父母的負面反應也會傷害、暴露他們的弱點，讓他們

覺得被欺負。典型的型態是：主性格負責行動，次要性格負責回應。

外向型孩子：支配型與歇斯底里型

‧**領導／支配型性格（屬火）**：通常要到冷靜下來，才能將孩子帶離到別的地方談話。如果在一群人面前糾正他時，會有強烈反應。最好不要在公眾場合訓斥他們，否則可能會捲入孩子製造出的風暴。即便孩子尚未學會權力與人際關係，仍會想要有主導權。

　　關鍵字：延後、轉向，直到父母能面對。

‧**迷人／歇斯底里型（屬風）**：要當場處理。十分鐘後，他們又會露出可愛的表情，不知道父母在說什麼。這類型的孩子特別需要我們用溫和堅定的態度，要求他們為自己的行為負責，即使出現歇斯底里的反應也要堅持。

　　關鍵字：行為的後果。

內向型孩子：脆弱型與固執行

‧**敏感／脆弱型（屬土）**：同理孩子很脆弱、分享自己的經驗表示感同身受。這類型的小孩容易感受到別人的冷嘲熱諷，也會反擊。

　　關鍵字：用安全感和同理心，溫和要求他們為自己的行為負責。

‧**隨和／固執型（屬水）**如果沒有採納孩子的意見，會變得很固執。內向安靜型的小孩容易被忽視，所以很棘手。事先預告像是：回家、吃過東西後（這種類型的小孩特別喜歡吃東西！），我們想了解為什麼他剛剛要那樣說、那樣做。這類型的小孩看起來很隨和，但別被騙了，他一點也沒忘！他要很久才發作，受夠時就是海嘯來臨。

　　關鍵字：公正和時機。

冷靜面對孩子犯錯的四大要點

我們可以用這個簡單、直接的方法處理孩子間的糾紛、不聽話或「卡住」的情況。複雜的情況可分一、兩天處理,緩和激烈的場面,並在孩子需要幫助時,父母有自信的介入,又不會被迫加入戰局或選邊站。

1.不讚同(Disapprove)

一開始就要用平靜、直述的口吻,清楚表達我們的不贊同:「你剛才的表現很傷人。」「在我們家/學校不會說這種話。」

2.肯定(Affirm)

將孩子的行為與個人分開,知易行難。不讚同之後,要給予孩子肯定才能做到,例如:「你很少這樣說話的。」「通常,你都會幫助別人。」肯定之後接著自問:

‧現在有時間深談嗎?

‧孩子是否準備透露更多內情?

‧這裡適合跟孩子談話嗎?

如果答案是肯定的,就可以到下一個階段。只要有一個否定的答案,最好延後討論。父母可以這樣說:「我想現在不適合談這件事,但是一定發生了什麼事,我想聽聽你在煩什麼。晚點再來跟你談。」如果手足爭吵越演越烈,分別與孩子轉換情境,別讓衝突再度爆發。

3.發現(Discover)

大人需要去發掘細微的問題,可以說:「怎麼了?」「你一定有什麼煩惱。」或是「你需要什麼?」在適當的時機說,才能得到誠實的回答。

教養停看聽

對特別敏感的小孩，有時候可以先給予肯定，再提出自己的不贊同比較好。這類型的孩子習慣立刻為自己辯護，「先肯定再否定」能立刻建立情感連結，讓小孩先冷靜下來。本書所有的方法都有彈性，可依家庭狀況調整。

4. 重做（Do Over）

問題釐清後，可以幫助孩子重來一次。可以説：「我們來想個辦法，怎樣説比較有禮貌。」或是「你得學會怎樣處理這種事，如果有困難，我可以幫你想辦法。」

栽培者與引導者階段：面對9～19歲孩子的教養原則

陸、栽培者如何引導10～13歲前青春期孩子

｜倔強的諾亞｜

微風輕拂的早晨，10歲的諾亞準備上學時，突然大發脾氣：「你還不懂嗎？我已經不是小孩了！」

「之後，這個情景就經常上演，」諾亞的父親麥克說：「我們為了整理房間的事起了點衝突，他不要我幫他整理，怪我打亂他的整理方式。上學快遲到了，他又說下午想跟朋友去公園參加臨時足球賽。通常，我說下午已經另有安排，話題就會結束，可是諾亞最近意見很多。他還想爭辯時，我說我已經決定了，他就發火了。」

「諾亞是個好孩子，但個性很倔強。」媽媽丹妮爾補充：「我們知道要堅持自己的立場，否則會被他牽著鼻子走。諾亞以前還能接受，但是9歲後就有很多意見。我們不知道他是不是提早進入青春期，可是他還這麼小。」

「對啊！我們還沒準備好讓他接觸青春期的東西，」麥克插嘴，「太早了，即便他堅持自己不是小孩了，我們也不認為他能處理。老實說，我們鬥不過他。」

栽培者：幼兒與青春期之間的過渡時光

　　全世界的父母都遇過類似的情況。這件事經常發生，但是對父母和孩子來說，仍然覺得困惑。父母會發現，在這個階段，孩子還不算真正的青少年，但也不是小孩了。諮詢親友，或找書籍參考時，會發現兒童早期或是青春期的資訊很多，但少有銜接兩個階段的資訊。

　　這個年紀的孩子喜歡有人認真聽他們說話。這時候，「栽培者」的關鍵是培養和配合這種需要，包括**詢問孩子的計畫、對他們看待事物的方式表示興趣、也會採納，並且清楚表明「做決定前也會納入孩子的觀點」**。

檢視孩子的發展階段，就能找到適合的教養方法

　　教養和支持青少年前，先了解這個年紀的孩子會經歷什麼樣的事：和我們小時候有什麼不同？該如何了解今日的青少年世界？

　　關於青春期的資訊很多，但這章會讓我們更了解中間的過渡期，以便轉換教養方式，讓孩子感受到改變，並覺得仍處在安全、溫暖的懷抱裡。檢視孩子的發展階段並找出正確的方向，就會找到適合的方法。

前青春期的孩子仍想融入群體，而不是突顯自我

　　早起或露營過的人都看過日出前的曙暮光，那並不是真正的曙光。曙暮光通常會在日出前一小時從地平線上出現，乍看以為是黎明，讓人有一股衝動收拾睡袋展開新的一天。然而，一旦知道那只是黎明前的假象，就會留在溫暖又舒服的睡袋中，多睡一個鐘頭。「前青春期」就是類似的假象，孩子的表現像青少年，父母要慎重處

理這種轉變。

　　就像為產品製造新的顧客群，「青少年」這個重要發展階段，被不明智的方式定義、商業化宣傳。儘管**前青春期聽起來很像青少年，但思考邏輯上仍是兒童，叛逆的情況並不持久。因為前青春期的孩子比較守規矩、想融入群體，而不是突顯自我。**身為父母，我們要更了解孩子的生活狀況，而不是盲目的被商業化力量洗腦。

 ## 日常生活就是培養孩子自信、倫理道德與價值觀的基礎

　　兒童發展專家會說是「常態（Norming）」，也就對孩子來說「正常的事物」：日常習慣、身邊的人。不是偶爾發生、極端的高潮與低潮。對孩子來說，「正常的事」就是發展自信、倫理與道德價值觀的基礎。

幼兒期：家人的行為影響孩子的成長

　　孩子會經歷顯著的「常態三階段」。最初照顧幼兒的都是父母和家庭成員，所以家人的小習慣、社交和行為規範都會告訴孩子：他是什麼樣的人。

學齡期：學校規定與家庭常規互相配合

　　影響小孩的第二階段始於接觸家庭以外的人，通常是進入幼兒園開始。如果幼年時就進幼兒園，會更早開始。學校生活的規定和慣例跟家中常規相結合，兩個世界會融合在一起。

前青春期：家庭最重要，其次才是同儕

第三階段是應用栽培者原則的前青春期， 9～13歲孩子開始感覺到家庭和學校以外的影響力。有趣的是，根據近幾年來的統計，這個階段的孩子比上一代更重視家庭。77%的孩子表示，家庭最重要，其次才是朋友（佔47%）。根據美國疾病防治中心調查，孩子每週會收到超過五千封促銷資訊。這個資訊顯示，如果父母能在氾濫的媒體行銷衝擊時，提供孩子避風港，他們會更需要我們。報告指出：「前青春期，自尊心仍在建立中，也是最脆弱的時候。孩子受到同儕壓力和面子影響，擔憂能否融入社會與人際關係。」

青春期：同儕影響力加大，父母必須採取引導式教養

青春期，同儕影響力更大，因此父母要採取引導方式。我們都知道，青少年的言行舉止受到同儕的影響。好朋友可能只會影響一部分，但同儕卻主導了衣著風格這類事情。我們的目的是讓家庭生活仍是青少年的根基，引導他們探索新世界的各種可行性。

 ## 孩子在同儕間的表現，奠基於家庭節奏與規律

轉換新的人生階段時，孩子不會忘卻家庭的價值觀，家庭規律仍敲擊著前青春期孩子的生活節奏。**孩子在同儕中展現出的性格，紮根於家庭節奏和規律**。因此，家庭規律極為重要。當孩子年齡達到下頁圖標註的5～9歲範圍，常態程序會變得有點微妙。

孩子在「前青春期轉捩點」開始形成獨特的個性。他們經常思考將來要成為什麼樣的人、想在人生中得到什麼、開始承擔新的責任，以前由父母決定的小事都想自己做決定。他們想要更多自主權，但還沒準備好自己做重大決定。因此，仍會仰賴父母和兄姊。

各階段對孩子的影響力

0~5歲 （幼兒期）	5~9歲 （兒童期）	10~13歲 （前青春期）	14~19歲 （青春期）
家庭	家庭	家庭	家庭
	學校	學校	學校
		普通朋友	普通朋友
			特定同儕

 父母必須幫前青春期孩子過濾商業行銷訊息

商業機構對這階段的發展有許多研究，父母可以從中獲益。根據行銷專家的研究，對前青春期孩子最好的行銷手法是：發起「好玩」的宣傳。然而，市場行銷專家也立刻點出「好玩」的定義很多，建議要對處於轉換階段的前青春期孩子更敏銳一點，以掌控他們的生活。此外，市場行銷專家也發現，前青春期的孩子經常幻想獲得成就、得到大眾認可，也會夢想成為富豪、名人和成功人士。於是，研究者推薦：「使用能吸引前青春期孩子心理需求的宣傳手法。」

舉例來說，前青春期的女孩大多會被美麗、魅力或想要精通某種能力的訊息吸引。前青春期的男孩對正邪對抗的權力與征服、英勇行為的訊息感到興奮。

對於這一代年輕人，最具代表性的描述是：「在數位資訊時代長大的第一批人。」父母成長時未經歷過網路，這些差異也為今日的年

輕人創造了包括口語和視覺上，更複雜的語言。

前青春期孩子會因為使用網路的經驗，期望在生活各個層面有便捷的連結和互動。

網路對孩子的直接行銷，代表了什麼？答案是：家長必須盡可能將青少年和成人世界中的「雜草」去除。如果孩子過早接觸這類資訊，會被早熟的潮流淹沒，遇到下列兩個問題：

1. **孩子仍在努力尋找自我，太早接觸成人世界並無益處。**孩子就像脆弱的花苞，如果太早遇到寒流，很容易受到霜害。這種美妙又敏感的自我發掘過程來自內心，並由家庭價值觀栽培滋養。行銷的工作是銷售東西，不是照顧孩子的身心發展。這個年紀的孩子還太小、無法完全了解，因此需要父母保護，避免受成人的行銷手段影響。

2. **行銷專家知道前青春期孩子很脆弱，用品牌強烈暗示孩子：「我知道你要什麼。」**事實上，沒有任何品牌做得到這一點，但形象和廣告會吸引孩子，讓他們無法專注在崎嶇但重要的自我發掘道路。

行銷專家會利用孩子的心理需求，引發消費行為

行銷專家知道青春期孩子開始掌控較多的金錢，所以鎖定這個族群、密集放送消費訊息。前青春期孩子會用增長的錢包，每年花幾十億支持喜愛的品牌、歌手或玩具。而且，前青春期孩子對家庭開支有自己的意見，從買果汁、電腦到汽車。行銷人員很清楚這點，甚至在今日經濟不穩的局勢，前青春期孩子的購買力仍未減少。

毒品危害已經下降到前青春期的孩子

進國中前，許多前青春期孩子就遇過毒販了，父母憤怒又憂心的説：「在我們那個年代，到青春期中晚期才會遇到。」但是，情況已經改變了：

．國家研究報告指出，近14％的八年級生在過去三十天內至少喝過一杯酒，11.5％的孩子説，過去一年至少喝醉過一次。

．15歲前開始喝酒，比21歲後才開始喝酒，酒精依賴或酗酒的比率高五倍。

．二○○四年的研究報告發現，12～17歲的青少年平均飲酒年齡是13歲。

．12～15歲的青少年可以在一小時內拿到處方籤藥物，但比較難拿到大麻；16～17歲的青少年則可在一天內拿到大麻。

．15歲前開始吸食大麻，蹺課機率比其他學生多兩倍，16歲前休學比率高兩倍。

 ## 前青春期孩子，內心非常希望獲得大眾認可

前青春期孩子想得到大眾認可，他們相信成績、魔法、科學或運氣會讓他們成為富豪、名人和成功人士。美國兒童公司（Just Kid Inc.）的研究指出，11～12歲的夢想有：富有（80％）、幫助他人（78％）、環遊世界（77％）、聰明（76％）、受歡迎（74％）。絕大多數的孩子也重視：名氣（69％）和外貌（66％）。

前青春期對性別認同相當敏感，需要父母敏銳覺察

　　很多書都提到，這階段男孩有特殊需求。但是，真正的差異在於教養和孩子在困難時期父母給予的支持。身為栽培者，父母應該真心聆聽和觀察。我們在這個階段會自然注意到性別需求的差異，當然，任何年齡都容易落入性別刻版印象。然而，有些人會反駁：這個問題之所以敏感，是因為孩子正處在脆弱的發育階段。這個年紀對性別認同很敏感，教養和溝通時，父母必須知道孩子正經歷這種改變、敏銳覺察孩子的性別。

與前青春期男孩溝通十大守則

　　前青春期的男孩比女孩更實際，剛萌芽的性別認同也更貼近他們的行為。他們覺察到身體與日俱增的精力、製作和修理東西的能力。跟女孩一樣，他們也想要功成名就或精通某種事物。但對男孩來說，這些欲望源自追求權力、良善、征服邪惡和英勇的心理需求。

　　跟男孩談棘手問題時，我們不想變成他人生動作片中的「大壞蛋」或「怪物」。如果誤踩這個潛意識的地雷，孩子就會猛力反擊，認為自己的行為英勇果敢，但是我們卻覺得不敬無禮。

　　把上述要點謹記在心，並用下面十種方式幫我們親近前青春期的兒子：

　　1.談話要簡短，最多三、五分鐘。

　　2.把事情拆成幾個部分，讓男孩有時間處理思緒。需要糾正的地方

盡量拆成兩或三段簡短談話，分別在一到兩天內分段告訴他。

3. **設定時間點，讓兒子知道我們要他在期限內處理完並認同約定。**
男孩喜歡明確、能掌控的事，試著這樣説：「我要你明天下午前把這件事搞定，想一下我剛才説的，睡覺前告訴我你的看法。如果可以做到這點就不用再説了。」

4. **注意時機點，避免在男孩專心做某件事時打斷他。** 男孩得花時間放鬆和調整注意力，如果打斷他，孩子可能會不尊重我們。跟男孩談話，最好的時機點是做家事的時候。大多數的男孩都不介意在掃院子落葉時被打斷。

5. **直接説重點，避免嘮叨。**
避免：「你沒看懂到底怎麼了，其實事情是……」（然後説不停。）

試著説：「我們今天得找時間讓你整理房間。如果沒時間，沒關係，我會安排。」

6. **專注在當下。** 我們很容易被拉回過去，經常炒冷飯，但卻會偏離主題。
避免：「你老是不遵守承諾，一直拿哥哥的東西。這已經是第幾次了？」

試著説：「我們已經説好，你和哥哥要用彼此的東西時，必須徵求對方的同意。我剛才沒看到你這麼做，可能一時忘記了，我們該怎樣修正呢？」

7. **把溝通聚焦在行為。** 男孩並不是無法感受，而是經由行動與世界互動。如果用實際做法指出前因後果，比較容易了解情緒和感覺。
避免：「你知道遲到很糟糕嗎？」或是：「妹妹錯過看牙醫的時間，你有沒有想過妹妹的感受？」

試著説：「你下課後很晚才來，我等了很久，這表示妹妹會錯過

看牙醫的時間。她本來想問醫生關於牙齒矯正的事，現在要再等六個禮拜了。或許你不是故意的，但卻造成了她的困擾。」

8. **肯定他的行為，行動是進入男孩情緒和感覺的入口。**

避免：「你老是把東西亂丟，害別人絆倒或繞路。」

試著說：「我很高興不用別人講，你就主動清理車庫，現在你的腳踏車有地方放了，可是你搬出來的箱子擋住車道，我無法把車子開出去。」

9. **讓他參與解決問題。** 最重要的是：不要針對錯誤，而是要一起尋求解決之道。男孩最喜歡解決問題了。

避免：「你總是把問題丟給我。我會去問喬，看他能不能借我一輛小卡車。」

試著說：「幫我想想怎麼處理你從車庫搬出來的箱子。你知道誰有小卡車嗎？或者你有更好的辦法？」

10. **掌控他。** 前青春期的男孩喜歡「我很行」的感覺，即使他們才剛學會某項技能。跟男孩說話時，要指出他的行為如何影響到你，避免讓他覺得遭到指控或自己很無能。否則，孩子會想為自己辯護而反抗你。

避免：「你不知道電動工具應該要放回原位嗎？這樣很危險你知道嗎？」

試著說：「你沒把電鑽放回工作台上很危險。萬一被雨水淋濕了，我使用時可能會被電到。」

 與前青春期女孩溝通十四大守則

前青春期的女孩比男孩重視感覺。她們剛萌芽的性別認同逐漸貼近覺醒的微妙情緒和人際關係，也藉著服裝和配件突顯自己的能

力。小的時候，穿著打扮、包包和首飾能幫她們扮演某個角色；成為少女時，就會慢慢成為那個角色。

這個年紀的少女，有時會透過跟家人、朋友的關係來定義自己。某天，我坐在兩個四格球場邊，這是四個人玩的球類遊戲，8×8英呎的場地平均分成四個區塊，沒上場的玩家在旁觀看，男女球場相隔約10英呎。在場的孩子，平均年齡差不多是11歲，這個年紀的孩子會選擇跟同性一起玩。那天，男女球場都出現糾紛，兩邊的解決方式讓我忍不住想笑。

男孩那邊的球場比賽暫停。主導的男孩站在中央調解，把球夾在腋下。兩位玩家激烈爭辯「邊界規則」，球的落點該算界內還是界外。過不到一分鐘，爭論沒有結果，那位主導的男孩走上前大聲說：「好了，這樣很無聊。我們重來一次。從現在起，只要球碰到線就算界外。」所有男孩都同意，於是他們又開始熱烈玩球。

女孩處理糾紛的方式非常不同。首先，爭吵的重點不在規則，而是其中一個女孩的態度：有人失誤時，那個女孩和好友在竊笑。這讓另一個玩伴很不高興，嘲笑加上竊竊私語讓她覺得深受侮辱。被指控的女孩反擊：「幹嘛這麼玻璃心？」她們說：「妳怎麼知道我們在講妳？」覺得被侮辱的女孩反駁：「因為我不是只在乎外表的花瓶！」贊同聲、低語聲四起，大家覺得說到重點了。旁邊兩個女生英勇的上前調解糾紛，但太遲了。吵架的女生帶著各自的擁護者大步離開，尖銳的強調：「哼，誰稀罕！」和「隨便妳！」。球賽散了，球滾到山坡下的樹叢裡。原本想調解糾紛的兩個女生聳聳肩，在四格球場上坐下，開始玩其他遊戲。

通常，男孩採取直接、實際的方式來探索自己想成為什麼樣的人；女孩則傾向用曲折蜿蜒的方式。她們會自問：「我可以相信誰？」「真相是什麼？」還有「我看起來怎麼樣？」

教養孩子時，我們絕不想被女兒的喜怒無常挑動自己的情緒。她

需要別人幫忙建立情緒「容器」掌握剛萌芽的感覺，才不會突然爆發。運用一些簡單的方法，就能示範如何自我控制。否則，父母可能會納悶：「我該如何處理這些失控的狀況？」

下面列出的幾點，能幫女兒控制情緒。利用這些方法，或許能在她最需要我們的時候，建立更強的情感連結。

1. **以同理心體諒她。** 讓她知道父母理解她的難處，最好的起頭是：「我知道這很困難，妳可能心情不大好，但是我想我們能找到方法解決，或許……」

2. **解析各個層面，選擇比較容易解決的問題。** 前青春期的女孩正逐漸意識到人際關係的微妙。看似複雜混亂的說詞，經常糾結在不客觀的人際關係裡。記住，前青春期的女孩很難退一步觀看大局，每件事都像在針對個人。若想讓她出門前或上床前平靜下來，可以每天選一個她在乎，且可以解決的問題處理。

   避免：「好像發生了很多事，我們來想看看怎樣解決。」

   試著說：「妳能從這麼多角度來看事情很棒，我們來想想要如何跟莎拉談談，妳們才不會繼續鬧彆扭。」

3. **提供父母看到的事實。** 知道父母在聆聽，會讓前青春期的女孩覺得好多了，通常會講更多心裡話，但我們提供的視角也會有幫助。

   避免：「家裡的每個人都要分攤家事，大家都要有所貢獻。」

   試著說：「好吧！我了解妳的意思。困難點是：作業很多的時候，妳覺得壓力很大，叫妳做家事有困難。我們得想個辦法。」

4. **重述問題。** 有時候，真正的問題會迷失在女兒複雜的情緒和感覺中。輕聲重述問題能導回談話方向。

   避免：「老實說，我希望妳成熟點。這麼做一點道理都沒有。」

   試著說：「妳說得對，但是哥哥出去玩和妳打掃自己的房間有什麼關係？」

5. **注意自己的口氣和身體語言。** 這個年紀的女孩，感受到的遠比表現出來多。記住，她們正體驗情緒的二度灼傷。想想看碰觸曬傷皮膚時的感覺，女兒對口氣和身體語言就是這麼敏感。口氣盡量保持中立，記住，她會在心裡把我們的手勢和任何話加以放大。

6. **注意時機。** 暴風雨來臨時，大吼大叫也沒用，要選擇冷靜的時刻談話，當情緒平復的時後再談。

7. **女兒知道自己的行為很「怪異」，也很清楚事情很失控，但她沒辦法控制。** 有時候，她會發洩混亂的情緒，結果都發洩在我們身上。原諒她，但輕聲堅定的說：當情緒沒那麼激動的時候，兩個人都要想辦法解決這些事。

8. **女兒肯在父母面前展現難過的情緒，代表她信任我們。** 這個年紀的女孩，會把受挫的情緒發洩在信任的人身上。因為相信對方不會告訴別人，所以內心深處覺得安全，也不需要處理後果。因為知道你不會被她們的情緒影響，她們會允許自己在親屬中放任情緒爆走，甚至只在信任的人面前才會失態。知道這一點，能幫助你客觀面對女兒的情緒。

9. **她在練習和測試她的力量。** 有沒有注意到，女兒能從龍捲風般的情緒快速轉換到理性、冷靜的行為，變回我們熟悉的那個孩子？當她發現自己不斷發洩情緒，父母仍能堅定不移的關愛她，就能安定下來。當她被波濤洶湧的情緒大海推來捲去時，父母能成為她安全的避風港。

10. **運用幽默感。** 這難以舉例，因為每個孩子對幽默感的反應不一。記得某次，當我的媽媽跟妹妹爭吵時，她用惱怒的口吻對坐在餐桌對面的爸爸說：「拜託你跟女兒談一談！」爸爸左右張望餐桌上的所有兄弟姊妹和祖父母，停頓片刻，然後眼神閃閃發亮的說：「嗯，的確要談談。有誰想選話題？」每個人，包括媽媽都忍不住笑出來，就這樣打破了緊繃的氣氛。他並不是小丑，也沒

有貶低媽媽，只是運用幽默感。後來，他選在睡前跟妹妹談：
「不要用那麼惡劣的口氣跟媽媽說話。」

11. **使用影射法。** 若女兒在氣頭上，但還是得糾正她時：轉跟不相關的人說。例如，故意對伴侶或其他兄弟姊妹說（讓女兒也能聽到）：「我聽別的媽媽說，昨天晚上七年級派對後來不歡而散，有幾個女生跑到公園去了，因為她們覺得那些男生很噁心。我知道這很難受，但有些家長真的很擔心，因為這些女孩，在天黑後跑去公園遊蕩。」

12. **爸爸需要更多時間消化。** 許多父親都坦承，當女兒回嘴時，一分鐘內就會出現好幾個情緒化的字眼，讓他們覺得很困惑。進入青春期前，爸爸都還能跟得上女兒的生活，也能了解女兒的需求；到了前青春期，一切就不同了。「暫停法」對爸爸來說（有些媽媽也是）是個好方法，不用立刻回應女兒複雜、情緒化的要求。

    避免：「這樣聽起來很怪，別再這樣說了。」

    試著說：「好吧！等我幾分鐘，我待會再告訴妳。」

13. **不需要太過強調重點。** 我可以理解，當女兒情緒激動或生悶氣時，彷彿完全聽不進我們的話，這讓我們常常想要強調重點。

    避免：「不可以這樣說話！妳明知道這樣說話是不對的，妳知道這會讓大家不高興。妳懂嗎？我在等妳回答呢！」

    試著說：「好吧！我說得夠多了。我想問題在於：妳認為星期天是週末，不懂為什麼不能跟星期六一樣晚起床。我要妳從我的角度說看看這整件事。」如果她只是聳肩或不置可否，可以這樣回答：「對，有時候回答這種問題需要一點時間，我晚點再問妳。」

14. **認同女兒的美麗與才智。** 這個階段的女孩對批評非常敏感，可以在十億分之一秒內突然用很強烈的字眼爆發情緒：「我很醜又很笨！」當我們評論她的外表或想法時要特別注意：她們的自信心

教養停看聽
在這麼多論點中，哪一個最適合你的女兒？

像剛綻放的嬌弱花苞，很容易受傷。

或許，上述某個建議可能說中了你的情況，經常因為女兒挑釁而落入這個模式，甚至對自己的行為感到後悔。

不用覺得沮喪或是羞愧，只要把這種認知當成改變的跳板：擬定計策讓自己不要發作、相信自己的直覺、跟伴侶或朋友談談打算加強的回應能力。記住，想要改變時，對自己仁慈一點。栽培者栽種的植物不是每棵都會結果，更重要的是研究怎樣讓泥土更肥沃。

栽培者的教養原則：聆聽、觀察、給予適當協助

　　成功的栽培者必須具備什麼樣的特質？努力、耐心、關愛和警覺性，這些都是教養前青春期孩子的必要條件。

　　教養前青春期的孩子，絕大部分都要配合孩子的情緒和需求。對前青春期的孩子來說，他們有一些新的事物可談論、想要在影響生活的抉擇中，擁有部分決定權。給他們的看法一點空間和尊重，既自然又健康。他們仍然很脆弱，但是觀點通常有趣且主觀。

　　良好的栽培者，必須為農作物提供立即需求，但也要考慮到土質的長期效益，因此選對時機點非常重要。小時候，我看到父親在農園裡工作時，總會邊盯著土質，邊隨時觀察天色，感受泥土、尋找栽種的最佳時機。祖父都會來幫我們，他會用得了關節炎的雙手抓起一把泥土，小心翼翼的聞一聞，甚至嚐一嚐，然後對父親點點頭，代表土質適宜栽種了。採收時，也同樣謹慎、敏銳。

　　身為父母，也必須選擇謹慎恰當的時機點。以下是對栽培者的概述：

　　·**聆聽**。聆聽孩子說話時，要安撫他：你很認真看待他說的話，因為他的話是有份量的。孩子會更注意自己的說話方式，因為他知道，如果以有禮的態度分享自己的觀點，就能影響你的決定。

　　·**觀察**。不但要聆聽孩子說的話，也要觀察孩子提出要求時的生活狀況。當孩子需要得到父母允許才能做事時，得將他最近的行為納入考量。比方說，女兒那段時間的判斷力都沒問題時，跟朋友出去逛街就沒關係；但如果懷疑她受朋友影響、情緒不穩定時，就得注意。讓她知道，我們一直在注意她，也會注意是否有改善。

　　·**觀察角度**。清晨時，從東方看到的農園；跟日落時，從西方看到的

畫面不太一樣。良好的栽培者知道這點，也會在做決定之前考慮不同面向。我們必須讓孩子知道，所有事並非只有主觀印象，而會有不同的觀點。當父母跟前青春期的孩子說話時，可以這樣開頭：「你是怎麼看待這件事的？」比問：「你想怎麼做？」效果好很多。

・**馴服野性。**很多人都了解：望著荒蕪的空地，想像簇新花園所經歷的快樂與痛苦。我們看到了潛力，想要順著土地自然的原型開發，但在開始之前，這塊空地可能需要馴服和整理。保持原始美的前提下，需要足夠空間讓陽光照射進來，滋養蔬菜、花朵和樹木，兩者需要保持平衡。

這樣的狀況就如同父母栽培前青春期的孩子。在前青春期前，孩子大多依照需求和欲望行事。父母已經竭盡所能提供健全的規範，教導孩子禮貌、協助調解手足間的爭吵。但前青春期的孩子更關注對朋友、兄弟姊妹、老師和父母的需求。這種增長的社交意識能協助馴服紊亂的情緒，否則會影響跟生命中，重要的人的關係。

・**拔除雜草。**雜草會佔領整座花園。同樣的，當孩子邁入中高年級時，不雅的字句和行為會滲入家庭生活中。高效率的家長會對孩子說：「對，我知道你認為每個人都會用『笨』這個字，但在我們家就是不能用這種字眼，你知道的。」父母的價值觀仍有巨大的影響力。

適時提醒孩子能保有自我，但仍需尊重他人

前青春期不完全像16歲的孩子，但仍會有獨特的自我表達方式。花園日益豐盛，植物對環境的反應良好，在哪裡生長也有自己的想法。雖然情況變得有點詭異，但看到他們異常茁壯、自立自足仍讓人滿足。

該怎麼處理孩子剛萌芽的獨特個性呢？他需要忠於剛萌芽的自我、獨特個性也該受到我們真誠的歡迎。孩子需要他人幫忙，了解「忠誠」對家庭、家人、朋友、學校和社區的重要性。就像將小石頭丟到靜止的池塘裡，行為產生的漣漪會從中心（他自己）往外擴散，影響到家人、朋友、學校和社區。

｜漣漪效應：想要表現自我的盧卡斯｜

　13歲的盧卡斯走出房間，他穿著皺巴巴、發臭的T恤，破洞牛仔褲看起來快輸給了地心引力。家裡氣氛高昂，因為擔任投手的盧卡斯要去參加棒球比賽。

　他踏入客廳，淺笑著看看爸媽、妹妹。這時，家裡養的小狗感覺到緊繃的氣氛，兀自跑到咖啡桌下躲起來，幾秒都不敢動。盧卡斯抬眼看了看，帶著青少年才裝得出來的淡漠和惱怒問：「幹麼？」接著沉默。

　「盧卡斯，真的要逼我說嗎？」媽媽輕聲威脅。

　盧卡斯張大眼睛攤手，為不公平的審判向正義之神求情。

　又一陣短暫沉默，小狗早已躲到沙發和牆壁間的緊急避難所。媽媽轉向爸爸，默默示意：「想點辦法呀！」爸爸想起媽媽說過如何應對這個情況，知道不能草率。除非用完美慈父的智慧，否則不會有好結果。他覺得晚點說教比較明智，所以盡可能用體貼的口吻說：「上車再說。」

　爸爸媽媽後來說服盧卡斯在車上換運動服，但大家都不太自在。當天晚上，盧卡斯主動去沖澡，家中氣氛明顯緩和許多，於是爸爸媽媽要求談談盧卡斯早上的服裝。經過白天思考後，爸爸說：「盧卡斯，你今天在車上讓大家都很難受。我了解這個年紀對穿什麼衣服和怎麼穿有自己的主意，也有很多事情在改變。你越來越了解自己喜歡

教養停看聽

在這種一觸即發的情況，讓前青春期的孩子知道：我們了解他想穿得舒服、忠於自己；但在這種場合，他同樣是團體的一分子，代表家人、學校和小鎮，需要跟大團體取得平衡，所以不能隨心所欲表現自我。

什麼，不喜歡什麼。」

盧卡斯的眼神閃過精光，同時輕輕點頭。爸爸得到鼓勵，因為他覺得到目前為止，兒子還能接受。

媽媽真誠的問：「我想知道，為什麼你覺得不應該要求你換掉衣服？」

「就是，好像也沒什麼大不了的。」盧卡斯回：「大家只會在學校停車場到更衣間那段路看到我而已，之後就會換上制服。穿什麼衣服有關係嗎？」

曾是高中校隊的爸爸說：「以前代表學校出賽，比賽當天，不用穿隊服的時候，還是要穿襯衫加領帶的學校制服。因為太正式了，我很討厭，覺得學校管太多。」盧卡斯全聽進去了。

「我不知道你們以前也這樣，而且你也不喜歡！」盧卡斯說。

爸爸繼續說：「我們找教練談，所以他找教務主任和體育主任開會。簡單來說（這對13歲男孩很受用），我們達成協議，去賽場時可以穿校隊外套，但正式場合，像是比賽前的集會或頒獎典禮，還是得穿學校制服。你知道的，盧卡斯，穿著和行為不僅代表自己也代表家人還有學校。代表學校比賽時，穿著和行為就代表群體。你了解我的意思嗎？」

盧卡斯點點頭，他了解了。

媽媽覺得該收尾了：「還會有很多類似的情況，盧卡斯。因為每天都要穿衣服。」她說：「希望我們能一起討論，而不是敵人。你想要表現自我，但我們也要提醒你顧慮我們的感受。我希望你了解，我們不是批評你，只是希望你考慮多一點，這也是父母的責任。」

前青春期是教孩子社會溝通潛規則的重要時機

保守的祖父母來訪時，父母在餐桌上告訴12歲的女兒：「所有人都吃完之後才能離開。」這時，她頹然的癱在椅子上，喃喃的說：「爛透了。」

這個無禮的字眼讓父親很尷尬，帶她到客廳去訓話：「我知道這個夏天妳可能常在溜冰場聽到這種話，但是絕對不能在祖父母面前這樣說。」

這位父親想表達，**這個年紀的孩子正逐漸發展文明教養規則：必須考慮旁人的感受，並依場合調整。**

教孩子視場合應對進退很重要。我們都不希望孩子上大學或應徵工作時，用在公園鬥牛的講話方式應對。這樣的情況或許太遙遠，但是這個階段正是建立良好溝通品質的最佳時期，若沒有學會必要的社交技巧，就會發生這種事。

身體語言跟口語一樣重要。研究統計，超過90％的溝通透過身體語言傳達，所以要注意孩子的表情和姿態，在某些場合這類表情並不恰當，例如翻白眼或垂頭喪氣。

糾正前青春期的孩子前，必須先聽聽孩子的說法

當孩子行為失準時，要讓孩子聽進去，最有效的方式是「委婉提醒」，例如：「可以告訴我為什麼……？」先聽聽孩子的說法，避免讓他們覺得被批評。前青春期的孩子可以誠實而坦率，只要知道我們真的想聽，他們就會滔滔不絕。孩子的身心經歷許多變化，所以前青

春期的孩子不確定自己在家中的地位，尤其當孩子認為我們可能不贊同某些事。可以試著用這樣的方式：「可以告訴我，為什麼這麼多食物都沒有放回冰箱嗎？」把孩子當成法庭上的盟友，而不是交叉質詢的對手。

三明治計畫：增進孩子溝通、應對進退能力的日常練習

在前青春期，簡單的「三明治計畫」（談話前後是柔軟層，「肉」則夾在中間）讓孩子有機會加入家庭決議。

第一層：「有什麼計畫？」

問孩子：「有什麼計畫？」表示我們想聽聽他的看法。使用的時機是：孩子想要父母同意做某件事，或父母想導回正軌時。我們可以幫助孩子消除心中疑慮，但孩子需要遵守三件事，才能讓談話更有效率：

1. **時間：適當的時候再告訴我。**

   孩子的大腦中心已經發育成熟，他們知道何謂「恰當」的時機；「等待」可以幫助孩子從童年的立即心態，轉換到成熟的認知，並了解任何要求都需考量時機。

2. **團體：把家人都考慮進去。**

   前青春期孩子已有合作概念，能了解家人的需求。如果一開始（比如10歲的孩子）覺得困難也沒關係，孩子已經有能力回答：「聽起來不錯！可是如果送你去公園，怎樣才能讓喬許準時參加足球比賽呢？」這類問題。

3.語氣：記得尊重他人。

教孩子控制語氣很重要。這個階段前，孩子經常被提醒要傾聽「內在聲音」。給孩子時間冷靜，當他們覺得沮喪，或表現得很沒禮貌的時候。前青春期的孩子在情緒自我調節和說話能力上，仍處於無法即時反應的幼兒期。他們說話的方式或許粗魯、怪異，但自己可能沒發覺。給孩子一點時間修正，他會做得更好。盡量冷靜的說：「到目前為止，你真的很棒！告訴我你的計畫，或許你不是故意無禮的。需要晚點再談嗎？或是現在就可以談？」就是提供這種空間和回應需求最好的方式

第二層：我會考慮看看。

前青春期的孩子知道，父母是做決定的人。良好的栽培者會花時間省思，讓孩子了解，不會因為他們想要就照做。父母會決定整體計畫，但在細節上要適時調整。**即使沒有按照孩子想要的進度，只要計畫可行，也要採納他的部分建議。**重要的是，可以為父母爭取一些反應時間，同樣在示範：如何衝動控制、讓談話順暢。

第三層：這是我的決定。

當我們做好決定，就跟孩子說。記住，在孩子想聽的時候，向他解釋做決定時要考慮家人或朋友。因為我們有時間思考，所以可以冷靜的溝通。

對於兒子的詢問，我們可以說：「我很高興你告訴我這個計畫，米蓋爾，也喜歡你耐心等我思考。本來我想說不行，但是你最近表現很好，我們找個時間約艾倫一起玩。明天不行，因為我們有很多事要做，不過我會打電話給艾倫媽媽盡快安排。」

讓孩子知道：就算不可行，我們依然重視他們的想法

有時候，跟孩子一起擬定的計畫並不可行。若是如此，讓孩子明白我們沒有忘記，也讓他一起想辦法。孩子得學會：人生不會事事如意。運用「三明治計畫」跟孩子溝通的父母說：「孩子透過這個方法練習做計畫和執行，也很適應這個方式。」有位母親形容：「孩子很融入跟我們一起排定的計畫。」

使用得當，那些不如意、暴怒或不愉快都會成為過去式。**儘管難免會有令人失望的情況，但當父母和孩子可以共同承擔失落，一起想辦法**，就能保持前進的力量，也避免讓孩子認為什麼事都不行，他想要的永遠不會發生。

 ## 運用「三明治計畫」培養孩子社會溝通力

三明治計畫能有助於發展、強化以下技能：

‧掌握整體概念。

‧理解前因後果：現在會影響未來的結果。

‧懂得在正確時機退讓或爭取。

‧懂得在恰當時機說適當的話。

‧自己的觀點雖然重要，但只是眾多觀點之一。

‧當計畫臨時改變，能夠很快適應。

‧有能力跟團體協力計畫。

‧能廣納建言、接受建議。

這些都是很好的特質。孩子長大後要面臨就業問題，薪資佳福利好的工作很少，越來越多自僱、合約制和自由工作者，這些特質就更重要。看看上述項目，是不是公司徵人優先、必要的條件呢？

禮儀教養：孩子有禮貌，但仍然能保有自我

培養青春期孩子的社交能力，就像持續運動以保健康。或許，你已經注意到，這些方法可以用在與孩子互動。不斷強化家庭目標和價值，能培養孩子的社交能力，家人、朋友和老師也會注意到孩子彬彬有禮。這不是專制的教養，而注重禮儀的教養。孩子有禮貌，但也能保有自我，知道何時該主動、知道何時可以採取行動，並且為這個目標努力。他們享受玩樂、交到好朋友，**因為從父母這邊學會：良好的人際關係要體貼、尊重他人。**

深度觀察孩子的狀態，再採取教養方法

前面談過前青春期會面對的狀況，但每個孩子都不同。在初期，有些孩子需要別人幫忙做計畫；10歲孩子的興趣和能力跟13歲孩子大不同，而女孩通常可以準確感受到家中微妙的情緒波動。

辨識差異是栽培的重點，培養緩慢且深刻的觀察力再採取行動。重要的是讓孩子做能力範圍內的計畫，如果覺得孩子進行不順利，下列三個建議可以幫助你：

1. **放慢速度**：分段討論這些計畫。
2. **貼近一點**：即使乍聽之下感覺不太實際、欠缺條理，也要對孩子的想法保持正面態度，幫助他們執行這些計畫是你的責任。

3.當個拼圖大師：因為父母較知道全貌，要幫孩子把他的點子放在正確位置。默默的為孩子做這些貼心的事，他們很快就會上手。

 前青春期學會應對進退，可以平衡青春期過於自私自利

　　這章又再次提及第二章剖析的良好規範。前青春期孩子的教養方針必須在監督者階段架構好，並在衝動控制、接受慈愛的權威、健全的規範，這三個基礎下成形。

　　本章的重點在於調整教養方式，順利教導孩子應對進退，並成為家中的一分子。**在面對重要的抉擇時，青少年就能以逐漸增長的社交力和同理心來做決定。**做決定時將他人需求列入考量，可以平衡青少年專注的自我探索，預防剛愎自用和自私自利。

柒、引導者階段：面對14～19歲孩子的教養原則

　　練完足球的回家途中，下起了毛毛雨。一群和我同齡的16歲朋友，開著向父親借來的改裝雪佛蘭大紅跑車，在我身旁停下來。開車的是我的足球隊隊友，但他今天沒來練習。

　　駕駛座的窗戶拉下來，飄出了煙霧，還有濃濃的大麻味和酒味。朋友大喊著要我上車，他們都很亢奮，車裡還有兩個可愛的女生。我看到這一切，心中快速閃過三個念頭。第一個想法是：「看起來好像很有趣。」然後又想：「教練一定不贊成。」最重要的是，我彷彿聽到爸爸說：「這樣不對，你不該同流合污，要堅持做自己。」

　　我考慮太久了，於是朋友大喊：「再見了，笨蛋。」就開車走了。回家途中，我覺得很矛盾，但是當家人都在餐桌邊坐下時，我知道我對了。跟家人在一起時，我解除了心中的疑慮、回到家庭的軌道。沒有向爸媽提及的原因並不覺得這是祕密，只是覺得沒必要。洗完盤子後，我開始寫功課。

　　隔天早上，我到朋友家找他。一見到他，我就知道出狀況了。那輛紅色的雪佛蘭高速衝出彎道，撞上一棵樹。我的足球隊隊友死

了，他女朋友生命垂危，其他人雖然已經出院，但都大受打擊。

消息很快就傳遍了，當我到足球場練習時，爸爸正和教練談話。由於他們平常的教誨，我才沒有上車，當下，他們彷彿就在我身旁。我走過去，想感謝他們，但不知道怎麼開口。

教練進到更衣室，問我願不願意和所有隊友講幾句話。身為隊長，我應該站出來，於是點頭同意，但也不知道該說什麼。現在說什麼都沒用、做什麼都無法讓隊友起死回生。但奇怪的是，剎那間，我想對爸爸和教練說的話蜂擁而出。我感謝他們，並告訴所有隊友：我們需要團結起來，支持這位死去隊友的家人、我們的家人和其他車禍倖存者。這時，房間內一片靜默。

後來，我們將這一季的足球賽，獻給這位死去的隊友。

父母運用引導，導正孩子偏離的方向

就像老生常談：「日子過得真快。」我們搖身一變，成為青少年的父母。我們感覺到「孩子不一樣」了，他們似乎更能覺察社會和家庭的矛盾和挑戰。這時候，教養方式也需要調整，尤其是無可避免的緊繃狀態出現時。

這時候，「引導者原則」可以將緊繃的親子關係，轉成更深度的情感連結。許多流行節目利用青少年搞怪、裝模作樣、傲慢的形象來增加賣點；但坦白說，青少年不需要跌跌撞撞的從挫敗、脫序的狀態中成長。這時後，引導者會花更多時間跟青少年對話、更了解孩子的短期目標。**當孩子偏離方向時，藉著原有的談話基礎重新對焦、回到正軌。**這正是孩子成就人生希望和夢想、進步和專注的機會。

堅定的教養立場，可以讓孩子有穩健的根基

如同一開始的故事，青少年做抉擇時，父母的影響力很大。儘管孩子表面上不承認，但卻不知不覺遵從我們的指引，這便是引導者的工作核心。**如果教養立場堅定，孩子也會有穩健、堅守道德的根基。**看似微小的決定可能會挽救一段友誼，甚至一個生命。

面對青少年剛萌芽的自我，就如同面對新生兒

青少年既強壯又脆弱，在許多方面就像新生兒。從這個角度來看，我們就能了解孩子這些令人困惑的行為。

舉例來說，新生兒因為缺乏免疫力，很容易受到病菌感染而生病；青少年在情緒上也是如此，當自我意識出現時，便開始發展纖細、堅強的復原力。累積的青春期敏感，會驚天動地的在家庭生活中爆發。就像新生兒改變家裡的一切，火力全開的青少年會撼動家庭的四壁，連地基都跟著搖晃。如同嬰兒無法控制哭聲，只能靠父母擁抱和安慰；青少年也無法調節宛若新生的強烈情緒，只能靠父母冷靜的幫忙。

研究嬰幼兒頭顱、脊椎的專家表示：「嬰兒啼哭才能把壓力上推到頭蓋骨，以利頭顱輪廓發展。」同樣的，**情緒化對青少年來說也是必要的，這是發展自我形象和了解自我不可缺的部分。**啼哭對嬰兒是正常的，情緒化對青少年也是正常的，但兩者都需要撫慰，才不會陷入嚴重的憂鬱。

安慰啼哭的小孩讓人感到挫折，要了解青少年為什麼這麼怪異也

是如此。我們盡量不斥責哭泣的嬰兒,對情緒激烈的青少年也是如此。青少年容易受到傷害,對情緒毫無招架之力,父母不該以負面態度對待他們。

嬰兒必須經過發燒、抵抗病毒來增加免疫力。不論是對待嬰兒或青少年,父母都要密切觀察,確保不會有危險。當我們了解情緒就像發燒,都是發育必經的歷程,我們就能保持冷靜專注。

許多媽媽或爸爸都知道,孩子剛學走路時,我們想握住孩子的手,孩子卻推開父母,蹣跚的自己往前走。父母就像體操教練,待在孩子附近、隨時準備替牆壁鋪上軟墊,避免孩子受傷害,教養青少年也是如此。

早期(13～14歲),孩子非常需要情緒上的幫忙;但在15～16歲時,通常會推開幫助的手,自己跨出進入世界的第一步。在這個過渡期,即使認為孩子準備好了,父母還是不要走太遠。青少年在探索自我時,就像幼兒在跌跌撞撞中學走路。**我們得待在孩子附近、不要去扶他們,但要體諒他們,甚至得偶爾在「生命的傷口上」包上繃帶。但是,當我們看到「可能會有長期、嚴重的傷害」時,就要沉著的上前幫忙。就算青少年會爆炸發怒,當我們知道孩子有多脆弱,就會用溫和、堅定的教養方式。**

就算表面上看不出來,父母對青春期孩子仍有重大影響力

我們都知道,同儕在青春期影響力強大。以極端例子來說,缺乏穩定關愛的父母或監護人時,青少年會過分倚賴同輩,進而產生不好的結果。幸好,家庭對大多數青少年的影響力仍然很大。父母身為引導者,若能即時覺察孩子的需要,就能隨時提供指引。

我和妻子參加產前教育課時，助產士提到該如何面對妻子生產時的脆弱情緒，而這些忠告也適用於情緒多變的青少年。

助產士要求準爸爸注意：「生產時，你們的太太無法像平常一樣說話，」她說：「如果她們沒有反應，不用一直重複或大叫。即使專注在分娩，她們還是聽得到你們說的每一個字。在這個美妙又驚嚇的時刻，她們非常需要你們。」

有位爸爸舉手發問：「所以我們要輕聲細語嗎？」

「不，不是。」助產士回答：「保持沉著冷靜就好，因為太太比其他時候更需要你們，做自己就好。」所有的男性聽眾一臉專注、嚴肅和感激，他們終於知道該扮演什麼角色了。

帶領青少年經歷強烈的人生經驗時，父母也要保持安定和冷靜。儘管孩子對我們說的話經常愛理不理，但他們的內心會放大這些話，尤其是會影響生活的話。難過的時候，孩子通往感覺的門戶大開，父母的話就更有影響力，所以在青少年最脆弱的時候，就要特別注意我們的言行。當然，這不是件容易的事，畢竟在情緒高漲的時刻，父母最容易受到刺激。

記住：**父母平常說的話，會對青少年產生兩倍的衝擊力；而在局勢緊繃的情況下，影響力就會變成三倍**。因此，引導者要明白，就算孩子表面上看不出來，也聽進去了。

 ## 提醒青春期孩子：父母的責任是顧全大局

青少年看似自我中心的態度，通常表示他們需要專注在身心的重大變化。不管孩子是否對於新的想法或父母的要求，表現出反抗或退縮到陰暗的情緒中。記住，他們不是故意反抗或讓你難為，大部分的原因是孩子正掙扎著適應當前的事物，早已負荷不了。

連大人都常用「影響自我」的濾鏡篩選人事物，青少年則有更強烈的做法。就算我們自認為客觀，但青少年總會斷章取義，或放大跟他們有關的小事，於是父母覺得沮喪、被刻意扭曲或誤解。自我專注是成長的必經過程，然而，父母在他們孩提時代的社交訓練，可以幫助青少年走向健全發展，避免自私自利。

接受青少年自我專注的成長必經過程，比抗拒更有效。**身為引導者，我們可以提醒孩子：父母的責任就是顧全大局，視家庭為整體。我們會傾聽他的要求，但也得考慮其他手足的感受。**當孩子只顧自己時，這樣的行為等於「自我犧牲」和「為他人著想」的態度；也表示，我們希望這些特質成為孩子成年後的社交助力。

 ## 睡眠時間不足，也會影響青少年的情緒問題

高中家長會後，兩位母親討論著青少年的睡眠問題，抱怨青少年因為疲累而影響到全家人。。

「每天晚上，史考特都在電腦前待到很晚，早上就很不可理喻。」

另一位母親說：「是啊！莎拉也是。明明疲累不堪，卻還是熬到三更半夜。隔天就超級敏感，整天脾氣暴躁。」

睡眠專家表示：10～11歲的孩子需要十～十一個小時的睡眠才能保有一天的精力；青少年也需要大約十小時的睡眠時間，才能在漫長的一天有精神調節情緒。但是這個發育關鍵期的時間有限，例如大量的功課、社交和3C產品導致孩子晚睡，醒來時仍精疲力竭。

一般青少年平均每天只睡六個小時，睡眠時間完全被剝奪了！睡眠失調中心主任李察・賽門（Dr. Richard D. Simon）說：「這個問題比想像中嚴重，」賽門認為：「他們低估了白天昏昏欲睡對情緒和表

現的影響。」

　　睡眠不足會影響隔天的狀態，無法招架迎面而來的繁瑣事務。美國國家睡眠基金會會長查爾斯‧柴斯勒（Charles Czeisler）説：「睡眠不足的疲累會增加生理上的負擔，大幅降低身體復原力。」

　　青少年的生理時鐘，也就是身體需要休息、睡眠的時段，大約在晚上十、十一點左右開始啟動。但他們似乎覺得晚睡比較好，也通常更晚睡。但是平日早上很忙碌，沒辦法睡到自然醒，加上功課、早起練球、準時到校的壓力，導致睡眠時間被剝奪，情緒就比平常更不成熟，進而引起行為偏差、管教問題和緊繃的家庭關係。

　　幸好生理時鐘是可以管理的。第一步，選個時機跟青少年談談「規律睡眠和睡眠不足」的影響。可以在星期六下午，等孩子睡飽、神清氣爽的時候，給孩子這些建議：

‧**設定就寢時間，彈性只有十五～三十分鐘。**

‧**盡早在睡前將所有電子產品（電視、電腦、手機）關掉。**重點在於睡前九十分鐘預告關機時間，因為研究顯示，LCD螢幕發出的光線會干擾身體對疲累的感知，也會壓抑提升睡眠品質的褪黑激素。另外，青少年通常會在睡前使用3C產品與朋友聯繫。儘管有趣，但也會刺激需要放鬆的身心靈。

‧**減少攝取糖類和咖啡因，尤其是晚上。**

‧**盡量早點上床，爭取較多深度睡眠時間。**青少年的深度睡眠在晚上十點到凌晨三點間，之後就會進入輕度睡眠、多夢階段。有位父親向愛打籃球的兒子形容：「睡眠第一階段就是射三分球的時段，」他説：「第二個階段是射兩分球的時段。」

‧**早睡早起。**在青少年睡眠討論團體中，有位母親提到：「我跟兒子達成協議，平日晚上十點要上床睡覺。一旦養成習慣，就能早起，早上還可以做功課、準備上學。早上不只頭腦較清醒，而且沒有人吵他。當我們起床下樓時，兒子還會抬起頭開心的道早安，而不像以往

睡眠不足時，用含糊的咕噥聲回應。」

‧**考前時，睡覺聽CD或MP3複習是沒有用的。**身體在睡眠時會關機，不會吸收、轉換成學習或記憶，只是增加煩擾而已。

‧**睡眠可以改善學習。**美國貝斯以色列女執事醫療中心的睡眠神經顯像實驗室主任馬修‧沃克（Matthew Walker）建議，準備考試的最佳方式有：

1. 考前睡眠充足，能讓大腦以最大效力接受新資訊，如果不睡覺，大腦就像吸飽水分的海綿，充塞著前一天所學的東西。

2. 考試當天，重點式複習。（找出重點、深刻理解，而不是單純背誦。）

3. 複習完要睡飽，以便深入所學，讓知識進入大腦內部結構。研究顯示，複習完的睡眠能強化新資訊，也能建立彼此的關聯性、看出全貌。

‧**建立規律生活。**例如規律的吃飯、洗澡時間，這些例行公事會強化生理時鐘，把睡眠建立在規律的日常活動中。

‧**睡前避免談論重要的事。**把重要的談話安排在隔天或週末，能減輕青少年的焦慮感，避免惶惶不安。

‧**昏暗的房間。**好的窗簾很重要，並且確保所有3C產品的光源都被蓋住或遠離視線範圍。

‧**養成睡前放鬆的習慣。**在睡前回想當天發生的事，對青少年很有幫助。可以問孩子今天發生的事，讓他們有機會釋放當天的壓力，父母也能略知孩子的世界。盡量以聆聽和輕聲鼓勵代替建議。

‧**利用天然的輔助品。**柑橘茶或纈草茶能幫助睡眠；巴哈花精也可以增進睡眠品質。

‧**父母以身作則。**睡前盡量不打電話、瀏覽3C產品或忙一堆雜事。父母能放鬆，孩子就能感受到氣氛已經切換到睡前模式。

分享自己的交友經驗，而不是對青少年下指導棋

│珍妮的友誼│

「她們是我的朋友！而且她們好不容易才接受我，你不能禁止我們往來！」15歲的珍妮憤怒的對爸爸大吼。爸爸擔心，女兒最近交往的這群女孩不能信任，可能隨時斷交。加上有了新朋友，珍妮漸漸疏遠了認識很久，也曾經相互扶持、度過無數難關的兩個好朋友。爸爸還清楚記得，高中時代，受歡迎女生咯咯的笑聲，還有掌握時尚流行的女生怎樣稱霸一方。這群女孩要求珍妮走路、談話和穿著都要像她們，這讓他很擔心，害怕珍妮失去自我。

談到青少年的交友問題，就像踏進情緒聖地。與其踮著腳尖繞過，不如用簡單、理智的方式設定談話。記住，**良好的引導者能理解青少年的狀況，以同理心分享自己的經驗而不是下指導棋。**

首先，對孩子解釋，不是所有的友誼都可以一視同仁：「可以對大部分的人表示友善，卻只有少數人才值得信賴。有些朋友只是很好的玩伴，但若需要幫忙時，他們不是你的選擇。」青少年通常可以很快分辨：哪些友誼是膚淺的，哪些是深刻的。

父母親口說出這段話對孩子很有幫助。外向的孩子想得到別人接納、想成為每個人的好朋友，但可能會一再失落和焦慮。這個心態容易被其他孩子利用，成為被操控的對象。然而，內向的孩子可能會退出社交圈，或是只有一個朋友，拒絕交其他朋友。某種程度上，這些行為算是正常的，我們可以用不批評、不干預的方式幫助孩子調整交友圈。幫助孩子了解自己的立場，他們會覺得安心，也不會迷失在紛亂的友誼互動中。

了解不同的友誼層次，避免孩子過於專注某一個團體

幫助青少年區別不同友誼、了解友誼的不同層次，孩子比較不會專注在一個團體、不會聽信他人的慫恿、不會被迫做不想做的事、比較不會害怕遭到拒絕，也不會為了融入團體鋌而走險。幫孩子找到同伴，孩子較容易離開我們不喜歡的團體。引導者提供的，就是為青少年建立「家庭本壘」，在交友不順的時候有家可歸。

 ## 如何幫孩子分辨友誼的距離

用桌子可以貼切跟孩子解釋友誼的不同層次。空間機構的傑門·麥彌蘭（Jaimen McMillan）說：「你沒辦法控制發生什麼事，但可以控制在哪裡面對。」

談論某些事或重要時刻時，我們常常跟家人、朋友聚在桌子前。我們選擇跟哪些人坐、選擇在哪張桌子聚會，都能顯示雙方的關係。有些桌子常常用到，有些桌子只會偶爾用。當你用桌子比喻友誼的層次時，看見青少年眼裡露出領悟的神彩，是件美好的事。當你跟孩子有無數次這類談話，孩子也因為你能一起思考獲益良多。例如，你會說：「我覺得，莎蒂想跟你更親密一點，想坐到廚房的桌子邊。她已經跟你當一陣子普通朋友了，就像坐在公園的野餐桌。你對這件事有什麼感想？」兒子已經習慣用這種冷靜、清楚的談話方式，他的回答會是：「對，我知道，其他男生也跟我說過這件事。我覺得她不錯，但她比較像是庭院裡的桌子，她似乎經常甩人。」

泛泛之交：公園的野餐桌

就像公園的野餐桌，一年只會因為參加社區活動去一、兩次。你會遇到經常見到也樂意見到的人，但跟他們不熟。你對這些人很客氣、友善但只談稀鬆平常的話題，而不會分享祕密或任何敏感的事。活動結束時，你會跟他們道別，然後回家。如果在其他地方看到這些人，你也會揮手打招呼，但彼此的關係很淺薄。

普通朋友：庭院桌子

你可能會跟家人或同學圍坐在庭院桌子前，他們因為你的邀請而來，而不是自動自發走進你的院子。他們可能是運動社團的隊友，或戲劇社裡的夥伴；你們分享相同的興趣、相處愉快，但他們只會偶爾來訪。雖然享受他們的陪伴，但你不會想要有更深入的關係。

親密的朋友：陽台桌子

現在，擴大比喻，想像陽台小桌子前面有三到四張舒適的椅子，也就是我們經常跟朋友在一起的地方。舒適、放鬆的友誼就出現在這種地方，談論更多關於學校和鎮上發生的事，談話更具意義。因為你們分享過許多興趣、有共同交友圈，可以輕鬆找到話題、一起歡笑，也會自然談到如何支持某位遭遇困境的朋友。

死黨：餐桌

最後是在房子「中心」的廚房餐桌。你可以在這裡吃飯、玩遊戲和喝熱巧克力；可以輕聲談論希望和憂慮，在碰到困難的時候掉淚，也可以爭吵和大笑。

只有少數幾個朋友可以深交，多年以來，你跟他們保持聯絡。跟他們在一起時，你可以做自己，分享恐懼和希望。

將來，孩子會了解，不是每個人都適合坐在廚房餐桌前，甚至連陽台桌子旁都不適合。當我們離家時，親密好友和深刻友誼就更少了，到時後會有更多親切友善的泛泛之交。我們可能喜歡某人，希望跟他成為更好的朋友，但他此時沒什麼時間或住得太遠。

　　如果孩子邀請不可靠或不值得信賴的人坐到廚房餐桌邊，把不該分享的私事告訴他們，用桌子比喻，就能輕鬆跟青少年解釋友誼。假如要安慰個性謹慎或畏縮的青少年，也可以用這個方法解釋「同時擁有泛泛之交和親密朋友很正常」。

　　這種區別友誼的方式，如何幫一開始提到：父親跟15歲女兒珍妮的談話呢？如果父親用這樣的方式開啟對話，珍妮比較不會覺得父親「只是單純反對」她跟這群很酷的新朋友往來。**這段談話會以親密程度為基礎，而不會著重在父親的批判和青少年的防衛態度。**

　　父親或許會把珍妮的新朋友放在庭院桌子，不過女兒可能會認為她們屬於陽台桌子。不管如何，雙方可能都同意：這些新朋友絕對不是餐桌朋友，至少現在不是。

　　加深孩子的觀點之後，珍妮可能會停下來思考，給長期在旁支持的老朋友多一點地位。

了解青春期三大階段，理解孩子的行為表象

　　青春期只是廣泛的醫學名詞，不足以形容年輕人強烈的情緒波動和自我探索。最好把青春期拆成以下三個的重要階段並加以了解，就能了解孩子為什麼有這些行為，並在引導時保持沉穩。但是，並非所有孩子都會按照次序經歷這幾個階段。

　　下面詮釋了華德福高中老師貝蒂・史丹利（Betty Staley）在《規

則和自由之間》（*Between Form and Freedom*，無繁體中文譯本）一書中所描述的三個階段：

否定階段（13～14歲）：拒絕的年紀──閉門造車

在這個階段，青少年會關閉很多外在情緒活動，以便專注內心的情緒改造。

·尷尬期

孩子可能正承受嚴重的情緒灼傷。對任何批評或讚美極度敏感，經常覺得尷尬。

·獨處時間

對這個世界和身邊的人極為敏感，青少年喜歡長時間獨處，可能會接觸大自然、散散步，或關在自己的房間裡。

·角色身分

青少年也會藉著發展某個角色來掩飾自我。他們會成為溜冰選手、歌手或運動員的熱情粉絲。角色扮演時，穿著、談吐和走路姿態都會讓他們跟周遭產生距離。有位問題少年的監護人告訴我：「孩子沉迷激烈的音樂，當生活碰到越多困難，就越鑽進激烈的音樂中，彷彿穿上某種靈魂盔甲。」

·過度角色扮演

嘗試幾個角色扮演很正常，但如果生活壓力太大，孩子就會過度角色扮演。如果感覺到女兒失去自我、沉迷在跟她差異很大的形象中，就要想辦法了解孩子是不是碰到什麼難以適應的事、想想看如何幫她減壓。千萬不要直接挑戰青少年的外貌、行為或談吐，這樣只會讓他覺得被誤解、躲進更深的地方。當青少年的生活回歸平靜後（減少參加活動的次數或減少壓力），孩子就能重新找回自我。對父母來說，這是讓人感動的時刻，覺得孩子好像又回來了。

轉捩點（15～16歲）：不確定的年紀──即將開張

很多父母都注意到：孩子跟家人、朋友和社區的關係改變了。情緒烏雲仍籠罩著，但有更多陽光照射進來。大約15歲時，孩子會掛上「即將開放」的招牌；16、17歲時，就換成「特定時段開放」的招牌，表示自我調節和跟父母分享感受的能力增加了。

・跨越界限

青少年一腳在「不」，另一腳在「是」。前一天，父母還在應付孩子鬱悶的情緒和火爆的脾氣；隔天（或隔一個小時）孩子卻變得思考周慮、成熟體貼，讓父母夾雜著困惑和驕傲。我們會聽到孩子這樣說：「別把我當小孩看！」幾個小時後，若有怪異行為時，孩子又會說：「你想要我怎麼做？我只是個小孩耶！」

孩子正站在發育門檻上，當他們覺得要進到下一個階段時，行為會從成熟區域搖擺到另一個極端，只要了解這點，我們就能隨時接受困惑、衝突和沮喪。

・二元性

這個年紀的特徵是搖擺不定和二元性。下面有幾個例子：

1. 我們從窗口瞥見兒子跟朋友在車道上滿身大汗的玩一對一籃球；稍晚又看見兒子四肢攤平的躺在床上睡懶覺。在這種神祕的昏睡狀態下，他什麼事也不能做，尤其當草坪需要修剪時，更是無力。

2. 女兒對物資匱乏的難民表現出高度的憐憫心，可是不到幾分鐘，她卻冷酷的罵妹妹：「沒用的窩囊廢。」

3. 孩子會在門上掛招牌：「危險區：擅闖嚴逞，後果自負。」用不委婉的方式告訴父母，他需要獨處；甚至會大鬧一場，拒絕參加家庭假日露營，卻又極度需要證明自己是家中的一分子。如果家人沒帶冰淇淋給他，孩子會很受傷，即使在朋友家也一樣。

4. 女兒可能會花好幾小時，用讓人驚嘆的態度在後院練習足球；類

似的熱情也用在跟朋友永無止盡的聊天，可是她常常不寫作業、常常分心。

·建立平衡

　　教養青少年的關鍵在於：了解他很主觀。孩子迷失自我的時候，我們要引導他的觀念、平衡過於主觀的想法。父母經常犯的錯誤是：堅持要孩子有正確觀念。他們還沒有能力做到這點，所以才需要我們做引導者該做的事。下面的對話引起了許多人的共鳴：

　　媽媽：「妳要我從妳的角度去看。但這樣不是很主觀嗎？這樣沒辦法溝通的。」

　　女兒：「主觀是什麼意思？」

　　媽媽（對陳腔濫調感到不好意思）：「意思是說，妳可能會見樹不見林。」

　　女兒：「妳的意思是，我要看到森林就得看遍每一棵樹？」

　　媽媽（燃起希望）：「對，沒錯。」

　　女兒（真誠的說）：「我現在15歲，這不就是我的工作嗎？」

　　媽媽（贊同的微笑）：「妳說得沒錯。但我的工作是了解我們在森林中的位置，才能找到出路。」

　　如果能接受青少年還沒有概念，就能避免很多的挫折感。希望青少年做好還沒有能力做到的事毫無意義。他們可能了解部分含意，要幾年後才能擁有高度客觀性。

　　我們常把青春期視為叛逆期，孩子會挑戰現有狀況、重視自我的權利。這是事實，但要找到平衡必須有其他兩個力量：首先，孩子仍需要規範，只不過他們遵守的是未說出口的穿衣、說話原則。其次，孩子看似活在自己的價值觀和道德觀，但他們其實很倚重我們多年來教導的道德基礎。有位母親告訴我：「我不是刻意偷聽女兒跟朋友的對話。但聽到她強烈反對另一個朋友受到的待遇時，我覺得鬆了一口氣。她明確、清楚表達丈夫和我想要灌輸給她的價值觀，讓我很

感動。」

・朋友、知心好友和暗戀

在這個年紀，人際關係對青少年越來越重要。有兩件事要注意，如果孩子愛往外跑（外向型），可能會過度投入社交活動。儘管理解他的興奮感，但父母的工作就是適時介入，並協助青少年做好規畫。別勸孩子打消念頭，而是採取拖延戰術。因為被更有趣的事取代，孩子比較不覺得他們拋棄了朋友、這些計畫的急迫性也會降低。

然而，如果孩子沉默寡言（內向型），可能會積極尋找知心好友。一旦有這種親密的友誼，可能會停止跟大團體互動，父母的職責就是協助他跟其他朋友保持聯絡。有位家長為了讓女兒保有社交活動，每個禮拜會帶她去騎馬、參加照顧馬匹的課程，這樣能讓女兒有另一群朋友。結果，當這位好友搬到其他州時，馬場的朋友馬上遞補為友誼的重心。

青少年成長時會往外發展，進入家庭和學校以外的世界。對青少年來說，遊歷這個令人興奮的新領域時，容易被特異獨行的人所吸引。

青少年通常得不到愛慕對象的回應，這些對象可能是運動員、歌星，但也可能是身邊的人，像是老師、教練或家人的朋友。孩子幻想暗戀對象會注意到他，並肯定他的價值。但是，記住最重要的兩件事：首先，愛的能力剛覺醒，青少年只是單純探索，對他們來說只是練習。他們會從角色扮演（第一階段所做的事）轉換尋求跟他人有更深的連結。其次，如果暗戀對象稍有回應，可能會讓他倍感壓力。青少年的暗戀對象很少回應，如果對方回應了，孩子反而會覺得這個人很恐怖。

重要的是，暗戀是真實的，不要低估這種新生的能力。不要刻意取笑他們，因為當父母表示輕蔑或嘲弄時，可能會讓孩子覺得受

傷，而好的引導者會尊重並密切觀察。

肯定（17～18歲）：肯定的年紀──正式開張

兩個17歲的男孩，在前往籃球比賽的巴士上聊天。

「我很高興現在我爸媽聰明多了。」一位男孩說。

「對呀！有一陣子我爸媽也搞不清楚狀況，但現在比較好了。」第二位男孩回答。

這兩個男孩的父母教養方式可能有所進步，但較大的可能是男孩開始用更客觀的眼光看待父母。

在青春期的最後階段，孩子開始了解自己不是被家庭環繞的太陽，太陽其實是父母在生活中培養的共同價值，和提供方向的道德觀。在這幾年當中，孩子會發展出個性、大致調整完情緒，青少年現在「正式開張」了。

有位父親提到18歲的孩子時說：「在女兒成長期間，我們曾非常親密。當她進入青春期，感情卻淡了。但當她又長大些，那種感覺又回來了，卻多了互相尊重。」

另一位家長說：「我了解你的意思，兒子進入青春期時，那種親密感也沉入地底。長大一點後，我們的感情就像地底噴泉再度湧上來。」

我對青少年父母的忠告是：優質的水仍在流動，只是到地底了。某種程度來說，青春期的最後階段，出現的是經過淨化、更清澈的水。

來看看這個年紀經常出現的特殊轉變：

·新的思考能力和觀點

年輕人現在有能力從不同觀點看事情。以前他們只單方面看事情並爭論到底；現在他們了解人生是複雜的，會涉略文學和科學尋找隱含意義，也會對外界活動更感興趣。

・理想和失望

青少年開始看清周遭世界、吸收所有的美麗和衝突，也會對世界上的領導者感到失望。青少年對別人的痛苦感到悲憤是有道理的，但重要的是不能憤世嫉俗。敏銳的引導者具有同理心，會提供其他角度看事情，並提醒孩子：世界上還有很多美好的事物，仍有願意為此努力的好人。

避免讓青少年感到徒勞無功、憤恨，就要在興趣和行動間建立橋樑。比如，如果對亞馬遜森林遭砍伐的新聞感到憤怒，就跟他談談如何付諸行動，讓他積極參與。不論是協助籌募資金、在學校發展研究計畫，或參與社區植樹計畫都可以。

有位青少女聽到在庇護所擔任志工的媽媽提起，庇護所因資金不足要關閉。這位青少女對此感到憤恨不平，轉而向足球隊友抱怨。隊友決定在足球淡季籌募資金、提高民眾關注，後來不但引起關注，而且募到資金讓庇護所繼續營運。

・建立平衡

我們喜歡與這個年紀的孩子分享深思後的觀點。但是，正如必須以客觀平衡青少年的主觀，我們也要確保孩子能腳踏實地，避免過於理想化。當17、18歲的孩子滿腦子哲學理論時，跟他們分享這些想法在實用層次上的意義。比如，有位農夫聽到18歲的兒子侃侃而談，他覺得應該換環保電動車。父親問：如果需要用到大型卡車載貨時該怎樣處理？父子倆討論替代性燃料，小卡車僅供農業用途，並買環保房車供家庭採買用。兒子還建議將農場車輛改成電動高爾夫球車，但這樣需要在農田舖設道路供小車行駛，他們需要評估成本，看是否可行。

同樣的，聽到青少年提出意見時，我們要超然、冷靜，只談自己的觀感，才能讓孩子務實。

・批評v.s批判性思考

這個年紀的孩子能深入剖析一個主題很棒。他們可能是讀了新聞報導，把其中的偏見拿來做文章；也可能看見運動明星自我毀滅的行為，反問為何他沒想過自己的行為會影響到家人或團隊。這個年紀的孩子需要協助，才能避免將與日俱增的批判性思考能力都運用在負面議題。最好的方式是問問他人的意見，例如：兒子不覺得朋友做錯事，可以建議他問問其他同學有什麼看法？老師又有什麼看法？朋友的父母會怎麼看？有人可能比兒子更憤慨、有人可能不認為這件事不公平。360度環繞事件、考慮各種觀點，就能從單向批評轉到多元觀點。當我們陪青少年這樣做，就是幫助他發展批判性思考能力。

・父母對性觀念的態度

這個階段的青少年對性充滿好奇心，甚至在診所等候室裡翻閱雜誌，都會看到挑逗的色情圖片。青少年不斷接觸「性感就會被大眾喜愛」的訊息，要防堵這種訊息很困難，但也不是不可能。我跟許多年輕人談過「到底要不要有性行為」這個兩難問題，談論的關鍵在於：不要把焦點放在性行為，而是強調兩性應該要培養愛情基礎。

在美國，第一次性行為的平均年齡是17歲，許多年輕人都會想：「我們該做嗎？」當我們把話題從性，轉到探索不同層次的愛，並不是逃避性的議題，而是賦予愛的深度。C・S・路易斯（C. S. Lewis）的《四種愛》（*The Four Loves*）一書，為青少年在性的洪流中點起航行明燈。

將愛分為不同的層次，引導青少年思考兩性關係

跟孩子談到「性」這種複雜又困惑的話題時，讓他們了解必須考慮幾個重要層次。分享曾經幫助過你的思考過程，也一定能幫助他

們。選對時機，開宗明義說：你不期望，也沒有權利要求他們同意你說的每件事。好的嚮導知道上山有很多種方式，讓孩子知道這些問題對你很重要，你也想知道他們的看法。

引導談話時，適時調整自己的話語。因為孩子已經長大，可以跟他分享自己過去的兩性關係而不會讓他尷尬。不要透露太多，**我們的目的是幫孩子更了解與另一個人建立關係的基礎。**談大方向，讓他做決定時有更多參考值，避免不必要的痛苦和困擾。

性愛：對某人有強烈、難以解釋的肉體吸引力

是第一種也是最世俗的愛。跟其他的愛一樣，也是根據古希臘哲思而來。愛神是古希臘的四位天神之一，另外三位分別是混沌、黑暗和深淵。愛神是黑夜的孩子，代表性慾、生育力和狂喜。在羅馬時代，愛神被稱為丘比特，身上帶著弓箭，一旦被箭射中，就會盲目愛上某個人。

跟青少年談到性愛時，要指出「愛神」（Eros）源自「性愛」（Erotic）這個字，表示對某人有強烈、難以解釋的肉體吸引力。體內某種東西被深深撼動，超出正常關係界限。

告訴孩子：「這種強烈的感覺很正常，但是若只因性吸引力（因為那個人很「辣」）就發生關係會產生很多問題。首先，性是盲目的，一旦被刺激可能會忽略對方的性格。你愛的對象可能很善良，但也可能很殘酷、愛操控又不關心他人。沉迷於這種愛時，防禦力會瓦解，暴露出自己的身體和情緒隱私。如果不了解那個人、不知道對方的動機，是很危險的。當受到性愛驅使時，可能會難以控制自己：不尊重自己、忘記看清對方的真面目，也無法看清對方會如何影響除了肉體外的生活。」

青少年可能會納悶：「這麼強烈的愛有錯嗎？」**這樣的愛並沒有錯也非常自然，但要是兩性關係只建立在性愛上，當強烈的慾望退**

去，我們可能會非常失望。

友愛：感情建立在共同興趣和嗜好上

第二種愛建立在友誼上，亞里斯多德給了兩種定義：首先，友誼建立在相互利益上，例如鞋匠和買鞋的人；其次是建立在共同的興趣和嗜好上。

日常生活中最常接觸到友愛，因此青少年很容易理解。或許，他們會認為：只要有共同喜好（音樂、運動、服飾），雙方就會有強烈的肉體吸引力，進而發生性行為。孩子可能會解讀：因為很了解對方，並沒有因為這個人「很辣」就上床。這時候，我們應該表示尊重他的觀點，也很高興孩子能分辨四種愛的其中兩種。

然而，青少年不應該因為性愛與友愛，就認定這是戀愛，可以發生關係了。原因有以下三點：

1. **嗜好改變了怎麼辦？**人常會因為美好的性行為和共同嗜好就投入長期親密關係，甚至婚姻。當其中一方成長、成熟後，興趣也會改變。一旦發生這種情形，對方可能會選擇分手（傷害伴侶）或是繼續保持親密關係，但覺得受到限制或被囚禁。年輕戀人同時成長的機會很渺小。

2. **可能會很無聊。**不管兩個人多愛同樣的樂團、運動或電影，這種建立在共同嗜好的親密關係只是二次元的，很快就無法滿足。舉例來說，如果17歲的女兒談到又要跟最好的朋友去度週末，父母可能會說：「妳和安娜喜歡同類型的音樂很好。不過妳上個禮拜說，跟她在一起有點侷限，因為妳們共同喜歡的樂團只有一、兩個。可以說給我聽嗎？」

3. **親密關係碰到困難是正常的。**然而，建立在性愛（性吸引力）和友愛（共同嗜好）的親密關係，通常沒辦法度過艱難時期，因為維繫感情的力道不夠強，無法應付情緒上的動亂。

我們經常看到：青少年交往是因為彼此有強烈的肉體吸引力和共同嗜好。其中一個遲早會覺得無聊、感覺受限或受批評，然後就會分手，各自再找更合適的對象。但因為沒有堅強後盾，歷史還會重演。這種情況會造成許多傷害和幻滅，也並非青少年想要的生活方式。

我們或許會納悶：「為什麼無法避免？又為什麼會落入可怕的循環？我也曾和高中男友分手，當時覺得很難過，但是現在想起只有喜悅。這不是成長的必經過程嗎？」許多青少年願意接受建議是因為：我們並不是要孩子避免不愉快，因為那也是必經過程。重點在於不要重蹈覆轍，一再受同樣的傷害。受傷和痛苦的課題教會我們改變，以不同方式處理。

該如何與孩子解釋「砲友」

孩子可能會問：「砲友又該如何解釋呢？」在這種關係中，朋友間沒有束縛，純粹只有肉體關係，大多限於口交，但有時候也會有性交。用這種態度所發生的性關係，聽起來似乎沒人會受傷，雙方都能建立情感界限，期望也很低。但是，在兩性關係中，付出的大多是女孩。

跟青少年談這個話題對父母來說不容易，但「好友」是廣泛的社交現象，需要謹慎對待。**當我們跟孩子談論這個敏感話題時，必須指出「性」和「愛」不該分開。**若與「好友」進展出砲友關係，就像雙方穿著盔甲做愛，動作無疑很笨拙、怪異，然而青少年卻常有這種性關係。

進入這類性愛關係的青少年或許會發現，他們想要更真誠的愛情，但他的對象可能不願從壁壘中出來，回應他們的真情。

必須讓青少年了解：如何「起頭」會設定一段感情的情調和方向。所以，如果青少年懷疑，自己可能會想更深入這段關係，與

「好友」發生性行為不是建立健全關係的最佳方式。

當然，青少年有深層的感官意識幫助他們覺醒。但重要的是，當我們跟孩子談到這個敏感話題時，就有越來越多青少年了解個人界限，避免自己被引進這類關係中。孩子多少會注意到這個議題，所以記得給孩子一點信任、一點空間，讓他們表達對此事的看法。

仁愛：出自於互相承諾的強烈感情

「仁慈」（Charity）這個字來自希臘文「Caritas」，也就是：付出而不求回報的愛，也是一種情感連結的表示。在《新約聖經》中，第一使徒對哥林斯人保羅（英王詹姆士譯本第十三章）説：「在希望、信仰、慈善中，最偉大的是慈善。」高等形式的愛就是無私給予。

兒子史考特想跟交往幾個月的女友卡拉更進一步，他媽媽瑪莉亞定義了「更進一步」：「你願意把最珍貴的東西送給卡拉，不求回報嗎？卡拉是否也願意這樣對你？史考特，因為是你想更進一步，我想在你們上床前要搞清楚這點。」

史考特和卡拉還是上床了，不過是在上述對話的一年後，也是兩人念完高中時。後來，瑪莉亞跟卡拉變得很親近，卡拉私下透露：當史卡特説，最好等兩人都確定要共度一生後再發生關係時，卡拉就徹底愛上他。

跟許多父母一樣，瑪莉亞不得不接受：這一代年輕人不認為要到結婚後才能有性行為。但卡拉和史考特決定先培養感情基礎，之後才進入親密的肉體和情感層次，這讓瑪莉亞覺得放心、感激。

跟伴侶發展親密關係需要時間確定對方是否回應你的愛情，願意共度一生則要花更多時間。當青少年和對方交往一陣子後，出自互相承諾的強烈感情，就會想到「是否要發生關係」。在這個階段，父母可以跟青少年談：「不要太快有性行為，因為這段感情的前景應建立

在更深厚的尊重基礎上；感情基礎越堅固，就越可能長久。」如果孩子希望這段感情能長久，**建議他為未來而等待，而不只是道德勸說，因為這樣做反而引起反感。**

大愛：將愛延伸到對另一個人寶貴夢想的愛

希臘文「Agape」通常直譯為「無私的愛」，也是所有形式中最高等的愛。在人際關係中超越仁愛，將愛延伸到對另一個人寶貴夢想的愛。在這種愛中，**雙方緊密相連，能感覺到對方的人生目標，願意竭盡所能幫他完成夢想。**存有這種愛時，情侶可以彼此暴露最深的恐懼和希望，知道即使感情觸礁，對方也不會背棄他。

無私的愛超越表象。如果曾見過在生理上或心理上失能，或遭毀容的重症病患，而他的伴侶排除萬難、想盡辦法處理，就是無私的愛。這種愛能穿透外在現實、看清伴侶的內在特質、不會受情緒變化和人生高低起伏影響。這種愛通常被稱為「神聖的愛」，因為交織其他三種形式而圓滿的愛。

青春期晚期，年輕人已經能了解這種愛，渴望並視為理想的愛。跟孩子談到這種超然的愛時，我們希望孩子在發生性關係之前能擁有這種愛。青少年不太可能會因此翻白眼，因為這個年紀的理想主義很強，這種目標對他們來說，並不會不切實際。

莎士比亞最常被引用的《十四行詩》，說明了無條件的愛。

若因變節的試探而變掛，

或因強權的掠奪而屈身，

這種愛不是愛。

哦，不！愛是互古不移的燈塔，

在暴風雨間也屹立不搖。

——摘自莎士比亞《十四行詩》，第116首

引導者的教養原則：聆聽與觀察，搭配有技巧的引導

我們開始明白，有技巧的引導者會提供足夠的資訊。他會傾聽、觀察並幫助孩子找到最好的路徑；不會只提供一條很多人走的路，只因為這是最安全、受歡迎的路。他會運用豐富的個人經驗，而不強迫孩子接受他偏愛的選項；當孩子無意中走入險境，良好的引導者會毫不猶豫介入，明白告知現況。

教養青少年就像嚮導。我們知道孩子最終會發展出個人憧憬的未來，了解人生的志向，找尋自己的道路。父母體貼的引導，會左右中途經過的風景。

父母幫孩子進到這個世界，有時候孩子需要父母的支持，有時候卻會拒絕。但如何適時引導，跟孩子的接受程度有絕對關係。**父母能聆聽並尊重孩子成長變化中的需要，而不會隨便屈服，讓孩子隨心所欲。**然而，有些父母只會用限制和權威的教養，無法從監督者轉換到栽培者，也無法在青春期轉換到引導者。這並不是我們希望的教養方式。

父母的職責，是幫助青少年找到人生志向

青少年會犯許多父母難以接受、大大小小的錯誤，但是他們需要協助，才能發展出自己的人生憧憬。要成為良好的引導者，關鍵是幫助孩子找到人生志向。這不是一朝一夕可以完成，而是經過一連串的談話和過程才能達到。青少年的期望和夢想可能會從遙不可及、不切實際到謹慎、謙虛。大到像是上大學、求職；或是未來幾個禮拜、幾

個月要做的事。孩子可能看到世界上的是是非非，或是要幫助需要幫助的朋友。了解這些，就能幫助孩子建立他想要的未來；用深刻、認真的態度陪伴孩子，也會讓你們更親近。

父母應該幫孩子分析利弊、了解行為後果

當大腦指揮中心，也就是額葉發育時，青少年就更有能力預期不同行為造成的後果。大腦額葉發育時，若有大人在一旁引導會大有幫助。以下是幫助三步驟：

1. **遇到問題時，讓孩子評估出兩、三個選項。** 通常，青少年需要花很多時間研究，才知道有哪些選擇。父母可以跟孩子討論要去哪裡找資料，若有必要，也可以藉誘導方式幫孩子做選擇。

2. **參與孩子的決定，並預測可能的結果。** 舉例來說，父母可以總結：「好吧！你有三個選擇。如果暑假去打工，就能付駕訓班的學費，就可以開車了。如果要跟朋友去他女友家玩，就可以好好放鬆前一學期的壓力，也能為新學年做準備。你也可以去上暑期班，提前修完某些學分，但就沒時間休息了。」用淺顯易懂的方式分析利弊。

3. **增加孩子做選擇的信心。** 告訴孩子，我們佩服他的成熟選擇，但不要逼孩子貫徹始終。我們都不希望孩子有被困住的感覺，即使希望他了解承諾的重要性。然而，情況會改變，事前讓青少年知道，若有必要重新計畫，父母會在旁邊協助。這種保證對壓力過大、計畫過多而因此拖延和困在焦慮中的青少年非常有幫助。

不帶批判的聆聽，讓孩子更明白自己想要什麼

「當艾莉西絲決定不念大學，而是選擇跟庭院設計師工作時，我大為震驚。」有位父親這樣說：「她是有天分的藝術家，對科學也很在行。她可以考上頂尖大學，有很好的出路。」孩子總是讓我們驚訝，艾莉西絲這個決定確實在考驗她的父親。

艾莉西絲很幸運，有個開明的父親，願意讓她去探索。

「我看得出這是她喜歡的事，」父親說：「但我也看得出來，她只是憑直覺做決定。因為她有藝術天分，對植物學也很有興趣。」父親建議艾莉西絲花一年時間累積園藝經驗，但也要到大學學習相關課程。一年後，艾莉西絲獲得生態學學位，現在在開發中國家工作。

不帶批判聆聽青少年的計畫，可以幫孩子更明白自己想要的是什麼。青少年可能會遵從世俗標準，選擇大眾接受的路，也可能選他們想要的道路。當父母無條件支持他們的選擇時，也會給青少年信心去探索非傳統的道路，這樣或許也會有好的結果。

利用故事，將訊息明確、強烈的傳達給孩子

孩子聽故事長大，特別喜歡聽小時候淘氣或是闖禍的故事。當青少年需要引導時，利用這些故事很有效。父母可以透過故事傳達「有益學習的價值」，給孩子明確、強烈的訊息，避免過於武斷或強調，也不要一副什麼都懂的樣子，否則孩子會這樣回答：「是啦！我知道，爸，可是這並不表示你了解我的感受。」

類似的遭遇可以開啟真誠的對話。父母可以這樣包裝故事:「我了解你的意思,當我在你這個年紀的時候⋯⋯」

遇到危險的事,父母仍要迅速、沉穩的介入

青少年有能力應付生活大小事,但是遇到危險的事,父母也要迅速、沉穩的介入。假設孩子發生車禍、受到驚嚇、哭著打電話給你。到達現場時,司機正大聲吼女兒。雖然她已經18歲,有能力捍衛自己,父母也必須介入。女兒打電話給你,因為她知道父母會無條件支持她、告訴她一切都會沒事。

│開誠佈公的親子關係│

當黛絲聽到,17歲的兒子約翰打算暑假跟朋友到中美洲去旅行時,就邀請來自中南美洲的朋友跟這兩個男孩一起吃晚餐、討論他們的旅行計畫。他們很快發現,約翰的計畫很模糊(這個年紀常有的狀況)、過於浪漫。認真思考後,黛絲對約翰說:只要約翰跟來自中南美洲的朋友更深入談談,並取得更實際的策劃之後,她才願意支持。

看過旅費和緊急預算金後,黛絲要求,至少要預留單人回程機票費。她告訴約翰:只要約翰能自己賺錢、存夠大部分的資金,她就會資助他。黛絲想聽聽可能會遇到的風險,還有約翰怎麼處理這些問題,也很喜歡約翰想幫助別人的想法。接下來幾個月,他們研究了在厄瓜多可能有的職缺。

旅途中,約翰碰到了幾個棘手狀況;回家後,他沒有避而不談,反而把這些事都告訴媽媽。因為他們一起做計畫,媽媽也願意幫他達成目標,兩人建立了深刻的親子關係,這樣的感情容許開誠佈公。

當我們得在「避免問題發生」與「讓孩子自食其果」間取捨時，介入和放手的差別就會越來越微妙。有位父親的妙法是：眼見情況不妙時，他會把擔憂告訴兩個孩子。他會說：「如果現在不念書，我想你們自己知道會發生什麼事。如果你們把計畫告訴我，讓我知道你們會念書，我就會停止擔心和叨念，也會睡得比較好。」這是尊重的談話，不假設孩子一無所知。這位父親只是表示，如果他們能說出自己的計畫，他就不會干預太多。

　　身為引導者，可能有兩種極端感受，一方面充滿痛苦挑戰，一方面又很有成就感。這項任務使親子間有更深刻的連結，也會幫助我們成長。跟孩子一起站在山坡上，俯視他們未來人生的田野和山谷時，透過孩子的眼睛，我們可以用全新的方式看這個世界。很快的，孩子將會獨自踏上自己的旅途，但此時，我們得多陪他們一會兒。

孩子失控時，如何建立你的教養急救包

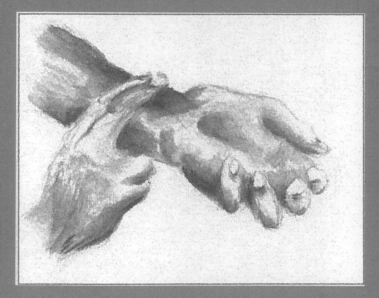

捌、根據孩子的身心狀況，調整我們的教養模式

我們盡全力引導孩子，有時候很順利，但有時又會納悶：為什麼這麼困難？彷彿家庭之船已殘破不堪，卻得在暴風雨後航行。

聽了這麼多「華德福簡單教養」，有些人會問：「現在用這個方法會不會太晚？孩子已經15歲了，所有事情我都做錯了。我是不是徹底搞砸了？」答案肯定是：「不會！」本書的方法適用於任何階段，即使是火爆易怒的15歲青少年也有可能回頭、永遠不嫌遲。

這裡會教你：從今天起，如何從「監督者－栽培者－引導者」三個等級中，找到適合的教養方式。首先，問自己一個基本問題：「孩子現在需要我扮演什麼角色？」讀到這一章時，身為父母的我們要怎樣從過多的教養方式中解脫，再根據孩子的年紀思考他們需要什麼，把注意力轉到：「需要建立哪些規範幫助孩子找到自我。」

 理解我們為何害怕幫孩子設立界限

首先，父母必須了解規範的重要性，也要清楚訂定。在理想狀態下，為幼童設立的界限會在前青春期改變並擴大，接著在青春期延

伸。然而,許多父母覺得「為孩子設立規範很困難」。先了解為什麼父母會擔心設立界限,再談失控時如何矯正。

害怕妨礙孩子的個人自由,讓父母不敢設立界限

在近代歷史中,家長潛意識共同擔憂的議題急遽升高,我們擔心盲目聽從獨裁者的浩劫會再次撼動整個社會。當人們變成羊群,盲從獨裁者的要求,就放棄了個人的職責、泯滅同理心,甚至造成種種喪失人性的行為。沒有父母希望自己的孩子成為服從的諂媚者,我們寧願養出意志堅強的孩子,當他們被迫違反信念時,無懼挺身而出、質問當權者。有些父母覺得,設立規範是妨礙孩子的個人自由,剝奪發展與強化獨特個性的空間。

根據孩子的需求調整,就不會讓孩子失去自我

父母不想為孩子設立規範,一部分是上一代教養他們必須絕對服從,也清楚記得那種感覺有多不舒服。不難理解他們為什麼抗拒為孩子設定規範,因為他們仍為童年遭受的專制教養困擾。

對大多數人來說,前青春期和青少年時,教養開始走下坡。父母可以指揮幼兒該做什麼,但青少年完全不同。然而,許多父母仍用同樣方式處理這兩個族群,造成很多惱人的事、無意中影響大人的生活和教養風格,也播下家庭不和的種子,甚至會持續一輩子。

《華德福簡單教養練習書》能根據孩子成長需求打造教養方式。如果在年幼時建立健全的規範,尤其在8、9歲以下,就不會養出溫順小孩。**不要認為這個年紀的孩子是盲目服從的綿羊,他們是需要安全**

教養停看聽
如果經歷過專制的教養方式,問自己:「我跟父母發生最多衝突是幾歲時?」

護欄保護的小羊，免得不小心誤入歧途、受到現代商業豺狼影響，也避免讓流行文化攻擊純真和無人保護的幼童。

關鍵在於父母要根據孩子的需求調整，就不會有壓制或負荷過重的危險。事實上，不設定規範才會有危險。定義清楚、適齡的行為規範能幫助兒童、前青春期的孩子和青少年，讓他們覺得有人關愛、有安全感，就能強化家人的感情。重點不在於要不要設定規範，而是要在何時、何地和如何設定。

模糊的親子界限，會毀掉我們對孩子的影響力

太多幼童太早得到過多選擇，也被賦予無法負擔的權力。如前幾章談到，**父母給孩子太多選擇和影響家庭事務的權力，孩子會不知不覺涉入父母無意間造成的領導真空、取代領導者，以尋求安全感。**然後，因為過去很少受到規範、過早獲得大量自由，當孩子進入誘惑四起的青春期，就會變得更複雜混亂。這時候，父母開始慌張了，就如前青春期孩子的父親所說：「我很擔心，因為之前讓孩子接觸的東西實在太糟了。」孩子過早擁有自由，我們就會想要彌補錯誤、加入一些限制。父母本能對出狀況的青少年嚴加限制，這樣有問題嗎？完全沒問題！事實上，這種反應才是有效且正確的。

父母的原始衝動是要保護孩子，我們不該猜疑、壓制這種本能反應。我們需要做的，是調整這種動力並達到最大效果、讓孩子的反抗程度降到最低、讓孩子感受到：有一隻手穩穩的握住操縱桿。

幾年前曾發生過一件事：有一天，諮詢室候診間發出很大的撞擊聲，一向鎮定的櫃檯小姐把頭探進我的辦公室說：「我想你最好見見這兩個人。」怒氣沖沖的14歲紅髮女孩走了進來，她的爸爸跟在後面，一臉尷尬和憤怒。她說：「爸，還記得在我4歲時，你都叫我

『好哥們』嗎？你就是這樣叫我，對吧？還記得你跟好哥們一起去看球賽嗎？還記得我跟你去參加派對嗎？」

受挫的女孩決堤大哭，她繼續說：「還記得你常說：『妳自己選，好哥們。妳想怎麼做？』我14歲了，你卻把我當小嬰兒，隨時都要知道我人在哪裡。你規定來接我的時間，甚至還想要禁足我。禁足？搞什麼啊！」

爸爸還沒開口，顯然他需要幾秒鐘整理、思考。我不曾見過這樣的人，但我得承認，我被那個女孩的怒氣和兩人的互動嚇到了。

女孩繼續說：「你不相信我！」她大叫：「你根本不給我自由，為什麼不信任我？」爸爸的臉變得更紅了，他說：「嗯，因為……」

「為什麼？」她立刻反問：「為什麼不信任我？」

「因為妳可能會懷孕，」他結結巴巴的將這些內心話衝口而出。這個時候，我趕緊從座位上跳起來，走近他們。

「錯了。」我小聲對這位爸爸說。我告訴那個女孩：「他不只擔心這個問題。」女孩驚訝但較為冷靜的說：「他就是這個意思。」這位爸爸也同意：「對，我就是這個意思。」

當女孩還小，爸爸給她很多選擇和極大的自由。他把女兒當成他的哥們，因此成人世界和孩童世界沒有明顯界限。女孩目睹爸爸在球賽中大喊大叫、跟朋友一起喝酒，毀掉了父親的所有威望。因此，她不尊敬爸爸。這樣的相處模式是因為爸爸想培養親密感，而不知道長大後會出現反效果。當反效果出現後，爸爸本能的想要拉緊韁繩，免得她惹禍上身。

她是個可愛的女孩，有不少年齡稍長的男孩對她感興趣。儘管青春期孩子的大膽行為存有潛在風險，但他們經常這樣。問題是，這位爸爸早已破壞了自己的權威，現在對女兒的影響力很有限，導致父女關係非常緊繃。本質上，爸爸只是想把精靈放回神燈內，但精靈卻很

不高興。

　　幾個月後，爸爸想辦法解決了這件事。女兒終於接受：出門都要告知去處、什麼時候回家。這些條件聽起來很基本，但對他們卻是一大突破。之後，這位爸爸善用栽培者原則，在親子關係裡找到更穩固的立足點。焦慮影響的層面很廣，後來這位爸爸回報：一年來，這是他首次沒有胃痛。他現在正在架設親子關係缺乏的根基——監督者時期，這對引導女兒長大成人很有幫助。

依照孩子表現出來的徵狀，改變我們的教養原則

如何從指導者轉變為栽培者

　　如果青少年沒有做出我們認為較好的選擇、不尊重父母為他所做的努力，我們會非常沮喪。我們無法察覺自己面對的是一時的困難，反而非常消沉，認為永遠都會是如此。下列是孩子可能形成不良習慣的傾向：

・漫無目標，對未來大方向毫無頭緒。
・即使朋友行為不檢、老是闖禍，他們還是跟著同伴隨波逐流。
・問孩子未來的計畫時，他沒什麼反應。
・即使找到恰當的時機，孩子還是會轉移話題或避而不談。
・當我們冷靜指出計畫中疏漏的地方，孩子會反駁。
・堅持要自由，卻逃避責任。

　　整體而言，孩子的身體長大了，我們盡可能把他們當成小大人；但在情緒上，他們仍是個10歲小孩。一旦了解這個明顯徵象，就可以用對待10歲小孩的方式處理，而不是以孩子的實際年紀。

　　「引導者原則」就是在能夠引導的基礎上，跟孩子對話。**對話的**

頻率並非重點，也不是用成人間的方式對話，而是有共識的親子對話。健全的親子關係能與孩子共同決定大方向，如果堅持跟孩子討論未來，而孩子不想的時候，父母會覺得沮喪，可能會傳達孩子達不到期望的訊息。當這種情況一再發生時，孩子會退縮、遠離父母，向同儕靠攏，因為孩子覺得這些人才能接受他的本性。這時候，教養孩子的是同儕而不是父母，這也不是我們樂見的。

如果孩子不確定自己的興趣，沒關係！但是，孩子的反應傳達出：他需要父母把他抓緊、幫他尋找自我，以便處理迷失感。這時候最好使用栽培者原則，降低對孩子溝通的期望。孩子需要家庭給予組織感和安全感、需要重新翻土、重新播種，甚至需要修剪。看完第六章後，就知道該如何成為稱職的栽培者。

若覺得孩子需要更多幫助，可以考慮換檔：少談論未來，多談談當前的情況。記住，**栽培者原則的關鍵是：「告訴我你的計畫。」確定孩子了解家中成員的需要、讓孩子了解，他們的言行會影響每一個人**。

有些父母會問：「是不是要告訴孩子這樣行不通，得改變做法？」這樣做很好，也可以不著痕跡的稍微過濾日常生活，因為明說反而會有反效果。如果覺得開誠佈公的效果很好，就精簡對話，避免問太多問題，或為自己的決定找理由；否則會期望過高。孩子想要父母少講一點、多做一點。

如何從栽培者轉變為監督者

如果孩子不了解父母轉換角色是為了家庭和諧。就需要稍微嚴格、扮演溫和堅定的監督者。若覺得孩子失控了，或有反社會性格，而我們不想因為憤怒、絕望或內疚變得更嚴厲。這時，只要明確告訴孩子，他們必須尊重我們的威嚴和地位。

如何判斷孩子的行為只是過渡期（一、兩個禮拜），而不會成為

永久的壞習慣？請檢視以下幾點粗淺徵兆：

・不了解自己的言行會影響家中的人。

・孩子只想滿足自己的需求，當家人告訴他「事情不是這樣運作的」，他很驚訝。

・時機拿捏不準，不管發生什麼事，孩子都要求父母立刻回答。

・即使父母真誠、尊重的聆聽孩子的要求，他們還是不接受父母的決定。

　　如果孩子一直有以上這些行為、不想成為家裡的一分子，彷彿自己是唯一一個住在這個星球的人，代表我們必須重申監督者角色，並解釋這對他的人生有什麼意義。如前所述，父母可以簡短解釋家庭的新規定，或者直接實施。

　　有些父母可能會問：「要是孩子不接受怎麼辦？」孩子接不接受並不重要，因為我們不是在請求他們。拿出家長的權威，用信念和關愛教養孩子，即使會減少孩子的自由，他們的內心也能感受到父母堅強的決心。監督者的力量能給孩子親近、安全和父母的參與感。因為這正是他們所重視的，孩子很快就能感受到。在孩子的內心深處，這就是家庭的樣子。

教養應該根據孩子的表現保持靈活度

　　在本章，我們不考慮年齡，只推薦最適用的教養方式。

　　在一天當中，很多環節都需要找到對應的教養法，以便讓事情正常運作。《華德福簡單教養練習書》也能讓父母靈活應用在日常的困境中。想像一下，不聽話的12歲孩子說：「我才不管去音樂廳會不會遲到，我就是不要穿那件洋裝！」然後繼續鬧脾氣（就像小時候），即使我們已經提醒她，弟弟很緊張這次的歌唱表演，而且很努力在準備，她還是無動於衷。

在這種情況下，與其對女兒大吼大叫，父母可以回到監督者原則，使用聽話的五大要點（請見第三章）。先按下暫停和想像的按鍵，接著從小地方讓女兒知道：不喜歡肩膀上的花邊，可以把它遮起來。冷靜強調該出門了，不讓她討價還價，最後開始動作（例如：電話響了也不接）、趕大家上車、前往音樂廳。不到十五分鐘的路途，當女兒的情緒風暴過去，又會出現陽光燦爛的笑容。她又恢復正常、傻裡傻氣的，這時父母可以脫下監督者的帽子，戴回栽培者的帽子。

父母該如何落實教養，並且不讓孩子覺得我們「偏心」？

有位母親問我：「用監督者原則教養年幼的孩子，卻用栽培者原則教養另一個孩子，要怎樣才不會讓孩子心理不平衡？」這種問題經常發生，當7歲小孩和12歲小孩吵架、15歲的青少年不肯聽話關掉電腦時，該怎麼辦？孩子能察覺到父母是否傳遞出沉穩的訊號，使用書中建議的方式處理教養問題，就比較能溫和、堅定的處理。

不論如何都要避免一心多用，既無法解決任何事，還會讓管教者非常沮喪。**一次只處理一個小孩，讓其他孩子知道，下一個就輪到他們。把需要管教的孩子帶離紛爭現場，盡可能用堅定和支持的態度處理問題。**可以使用第五章的「DDAD」（不贊同→肯定→發現→重做）方法，不但能表示父母並沒有偏心，也非常有效。當孩子知道父母很客觀，就不會插嘴為自己辯護。四個孩子的母親告訴我，當她實施「一對一處理」後，其他孩子感受到母親很沉穩、放鬆，家中整個氣氛就改變了！當她吼叫時，孩子察覺到這個能量，行為表現會更糟糕；當她專心面對一個小孩時，所有孩子的狀況都改善了，因為孩子覺得自己很安全。

掌握的力道應該由重至輕、漸漸讓孩子自己選擇

還記得，有次跟擔任三十多年小學教師的朋友同車前往研討會時迷了路。我們在找路時聊到輔導孩子這件事，朋友告訴我：早年，他試過放任方式，希望孩子學會彼此尊重。後來他反其道而行，經常參與並介入調停孩子間的爭吵。我們討論到父母和老師該如何有效的扶持孩子，介入和放手在孩子發展的歷程各有地位：有時候要管嚴一點，父母的親近讓孩子感到安心；有時候他們需要空間成長和探索，我們也要放鬆掌握的力道。在童年後期，父母掌控孩子的力道會更輕，因為他們需要自由和空間，以進入這個世界。即使孩子漸漸獨立自主，我們仍要掌握並扶持，不管孩子知不知道。

｜失控的康納｜

康納癱在椅子上，一條腿掛在扶手上，另一條腿架在咖啡桌的邊緣。他的父母，大衛和麗莎皺眉看他，叫他坐好。康納調整姿勢，換成半躺的坐姿，兩眼低垂。

14歲的康納在充滿關愛、社交活躍的家庭中長大。大衛和麗莎友善有禮，把康納和弟弟當成地位平等的家庭成員，碰到重大決定，大衛和麗莎都會徵詢孩子的意見。最近，大衛和麗莎讓康納自己決定要上哪所高中，他們相信，運用這種教養方式，康納將來會體貼、關愛他人，也會是個良好的決策者。

結果康納卻對父母「充滿批判和輕視」，還經常欺負弟弟。最讓大衛和麗莎困擾的，主要是康納在學校裡交到壞朋友，整天跟不良少年混。大衛和麗莎想跟康納講道理，從頭到尾都用冷靜、尊重的態度，可是成效不彰。

接下來的那個禮拜，大衛、麗莎和我決定採取行動，收回康納的幾個選擇權，希望能將他導回正軌，讓他配合一點。大衛和麗莎同意先做兩件事：首先，他們會要求康納必須對弟弟友善、對父母有禮貌。其次，他們會要求康納出門和回來都要稟告父母。

幾個禮拜後，大衛和麗莎覺得，這些努力讓親子間更加親近了。他們讓年幼的弟弟有安全感，也更放鬆。但康納的反應卻不大好，大衛和麗莎覺得跟他溝通失敗。

我們決定回頭討論需要建立的教養基礎，也花了很長時間說服大衛。大衛擔心，這樣會太過嚴厲，他想要康納做自己，但正如麗莎所說：他們看到的「不是真正的康納」。她覺得康納「迷失自我」，也認為他們需要「介入管教」。

我們討論了聽話的五大要點。大衛選擇「從小事開始」，要求兒子幫忙在後院建新的圍欄給從收容所帶回來的狗狗。因為兩個兒子同意幫忙建圍欄和照顧狗狗，大衛才決定收養這條狗，但是小兒子有幫忙，康納卻沒幫忙；麗莎則是要求康納整理那個變成「豬窩」的房間。大衛和麗莎有清楚的目標和善意，兩人開始執行任務。

隔一個禮拜，康納的父母回報有所進展。顯然，康納認為他們很怪異，還覺得這很快就會過去了，於是大衛更堅決要繼續執行。麗莎則表示：「盡量著重在可行的細節。」她和康納每天晚上一起鋪床、早上一起折棉被。跟康納一起做事的純粹感覺，讓她感動得落淚，而康納的強烈反抗也讓她驚訝得鬆了口氣。父母都覺得這個方式奏效了，因為康納終於知道父母是認真的。

接下來的一個月，大衛和麗莎建立起威嚴，並開始對康納設立規矩，包括放學和週末的門禁時間。「我學到很多，」大衛認可：「最難做到的是不讓康納討價還價和找藉口，但我知道，若是讓步就會功虧一簣，回到之前恐怖的情況。」

當父母都覺得漸入佳境，要多給康納一點自由時，大衛相當有把

握。他告訴康納，如果願意遵照父母的安排、配合必要的調整，門禁時間就可以有討論空間。麗莎希望康納能發自內心尊重弟弟和父母，她打算告訴康納，如果表現出真誠有禮的態度，就能得到較多的選擇和自由。

康納逐漸獲得更多選擇權，家庭生活改善了，也讓大衛成為更有效率的家長。「我覺得孩子回來了，」他說：「所有家人更加團結了。當康納跟一般青少年一樣無禮、不敬時，只要使個眼色，他就知道了。」大衛正是對康納傳達明確的訊息：「再這樣下去你就得承擔後果。」這不是威脅，只是運用了冷靜的威嚴。康納的轉變讓麗莎很振奮：「最開心的是，我們現在不需要冗長、累人的解釋，然後又陷入無止盡的權力爭奪戰中。」她說：「現在，我們有更多時間和精力去做好玩又能讓家人更親近的事了。」

這讓大衛和麗莎有勇氣面對艱難的教養情況，並接受有些基本的東西需要改變，儘管找出改變方法可能複雜又讓人困惑。大衛和麗莎後來了解，雖然他們盡力用最好的方式養育兒子，卻錯過了兩個教養關鍵，進而影響父母引導遇到人生困境的青少年。康納的父母雖有擔任引導者，但很少做栽培者，而且幾乎不曾做過監督者。兒子沒有學會父母有權威、可以自己定規矩，加上還沒學會控制衝動，於是變得自我中心、任性，卻不是充滿意志力；還沒學會擬訂計畫時要把家人的感受考慮在內，結果變得固執頑強又不體貼他人。

教養，必須時時刻刻將孩子的身心變化納入考量

根據孩子的身心調整，教養就會變得簡單許多。偶爾，父母可能會覺得有必要暫時回到栽培或監督者模式。最重要的是，根據孩子當前的需求來調整溫和堅定的策略，而不是刻意添加「聽起來很有

效、卻沒把孩子不斷變化的身心納入考量的時髦教養法」。最激勵人心的是，這種「監督者→栽培者→引導者」方式，能建立堅強、穩固的親子關係。轉化整個家庭動態，就能把更多焦點和精力，運用在穩健的家庭關係。

教養方法的轉變，來自於上一代的童年反思

玖、破壞父母權威的流行教養方式

　　跟上一輩談話時，我們會有種彷彿身處那個時代的感覺。當時，養育小孩順理成章、教養方法渾然天成，而不是刻意思考和計畫。父母沒有做很多研究或檢討，因為傳統觀念護持著他們的自信。不論好壞，上一輩就是根據父母教育的方式來教養小孩。

　　對大部分的父母來說，已經時不我與。我們哀悼著失去的傳統，但可以照自己認為合適的方式教養小孩。

　　若以深刻的愛和擔憂，凝視著被我們帶來這個世界的特殊生命，就能很快領悟到，這個重責大任需要他人引導。

　　接下來，我們會看看過去三個世代的教養方式、提供策略在時下教養景觀中走出自己的路。過去幾年，教養有了巨大改變，宛如從南極（一時流行的風尚）轉到北極。每一次的擺動轉變都是為了治療先前教養法的缺失，一邊是極端的嚴格掌控、以保守方式教養小孩；另一邊則是開明自由的方法。

1940年代，教養緊密的結合日常生活與家務

　　許多80、90歲的老人都曾跟我提及過去的艱難：受到一次世界大

戰影響，並在三〇年代經濟大蕭條或第二次世界大戰中成為父母，養兒育女就是做苦工的同義詞。事實上，教養不是真正的問題，更迫切的是求生存，家中每個人都要盡本分。在當時，教養是很實際、明確的事，幾乎沒有可以討價還價的空間。

在一九一一年，老師指派的家庭作業是要孩子烤派餅、掃地和洗碗盤。「家庭作業」其實是家務事，而且不是學識上的作業，所有教養方式都跟支持家庭生計有關，父母當然不會回應孩子眾多的需求。身體勞務能協助孩子穩定進入物質世界，讓教養簡單多了。同樣，當孩子參與有意義的家中工作時，就會融入家庭生活的流程，讓教養更簡潔。

1940～1960年，嚴格的教養變得過於寬容

五〇年代開始，大戰、經濟復甦之後，教養方式開始改變。但直到六〇、七〇年代初期，人們才開始思考並書寫更多「如何改善教養」的事。於是新的教養風格開始浮現，也代表剛獲得穩定繁榮的社會，想要擺脫舊有的教養方式，因此啟動了搖擺不定的教養風格，從嚴謹和嚴格變成寬容、自由放任和放鬆的方式。從此，每十～十二年就會從一個極端搖擺到另一個極端。

但是，自由放任的年代讓父母開始擔憂：「我們沒有給孩子足夠的引導。」或是「孩子變得失控難管。」嚴厲幾年後，無可避免又有人擔心父母太過嚴謹、孩子太被壓制。

1970年代，過於寬鬆的教養讓孩子變得失控

七〇年代，年輕人強力反抗「遵循言教而非身教」的方式。父母擔心傳統教養太冷酷、苛刻，開始允許新的自由。分攤家務事消失，進而談到要孩子勇於嘗試、創造，不要被綁在家裡。這個時代的父母，大多想對抗自己成長時，盲目服從的教養，轉向更寬鬆的方式。對他們來說，孩子說「不」並不是難以忍受的不聽話，而是健全的自我表達。這個時代的孩子允許參與討論、討價還價，甚至跟父母辯論。

然而，七〇年代中期，有些父母開始擔心這樣的表達太過自由。有位父親告訴我：「兩個兒子在學校闖禍時，我不得不重新思考是不是給他們太多自由。」有一天，父親接兩個孩子去參加運動社團時，他親眼目睹大兒子以明顯無禮、傲慢的態度跟老師說話。這位父親說：「這時，我明白情況已經失控，得想辦法把孩子導回正軌。」

 ## 1980年代，棍子與胡蘿蔔只會淪為利益交換

七〇年代後期，獎勵和懲罰被引進教養中，並在八〇年代紅極一時。最主要的原因是史金納博士（Dr. B. F. Skinner）提出的「激進行為主義」，開啟了家庭文化（請參見《地球上的天堂》（小樹文化出版）第八章），包括給予和奪走特權。這個方式的效果很好！可以把孩子拉回正軌……但只維持了一段時間。

棍子和胡蘿蔔就是獎勵和懲罰，但父母擔心服從隱藏的動機。孩子並不了解，也不認可父母的權威：服從只因可以得到某種利益交換

（勳章或獎勵），所以效果只有三～六個月。如果要應付失控的小孩，這個方法看起來的確像是魔法。但問題是，孩子免疫了。

孩子會說出很難聽的話，尤其是想出對策時。多年來，我擔任諮詢師所聽到的各種狀況，讓我既想笑又膽戰心驚，因為孩子馬上就能「上有政策，下有對策」。下面段落會討論我聽過的對話。

 ## 為什麼獎勵與懲罰達不到我們想要的結果？

談判的籌碼

我無意間在超市旁聽到一個孩子說：「嗯，給我三塊餅乾和一瓶汽水我就去做。」我以為媽媽會說：「沒得商量。」但她卻說：「不，妳只能有一塊餅乾和一瓶汽水。」接下來，就出現激烈的討價還價。我當時真希望這位媽媽有戴耳機，就像製片對電視播報員，我可以偷偷在耳機裡對她說：「只要溫和堅定的說『不』就可以了。」

分析利害關係

媽媽說：「如果不聽話，今晚就吃不到千層麵。」孩子會在心中飛快打算盤後說：「反正我也不喜歡吃千層麵，所以我不要聽妳的。」另外一位家長說：「強納森。如果不聽話，就不能去蘇菲家玩。」孩子內心的輪子開始轉動，然後說：「我不喜歡蘇菲，是你喜歡蘇菲的媽媽，我才不在乎去不去。」這兩個情況下，父母都覺得很無力。

讓孩子變成談判專家

孩子會扮演小律師，有個小孩告訴媽媽：「妳什麼都沒看見，所

以不能懲罰我，妳得提出證據！」這位滿心挫敗的媽媽跟我說：「每件小事都要拿來談判，讓5歲小孩這樣跟我說話，真的是既累人又丟人。」

父母只能不斷提高賭注

還記得「特權」嗎？你獲得了特權（獎勵），但如果做錯了事，特權可能會被收回（懲罰）。當孩子對父親說：「不，我要的比這個多，」孩子在提高賭注，基本上是在說：「抱歉，老爸，我不會照你的話去做，因為你提議的獎勵不夠好。」允許這種事破壞父母的權威，等於是強化這個訊息，表示孩子可以在討價還價的過程爭取到更多利益。

長久下來，懲罰與獎勵只會漸漸失效

兩個成年後的兄弟回家探望父親時，想起父母曾使用「獎勵和懲罰」法。他們還記得，當時的策略是：「我才不要這個特權，反正你還是會收回。」即使不是真心的，他們仍然這樣回答。遺憾的是，這經常發生，兩兄弟拒絕接受任何特權，甚至有兩年聖誕節都拒絕收到禮物。他們只說：「我們不要禮物，」因為他們知道，如果不接受禮物，父母就不能用禮物當作籌碼。

懲罰與獎勵最後只會淪為孩子情緒勒索的工具

獎勵與懲罰經常會有「挾持人質」的結果，孩子拒絕做父母要他們做的事，不停的討價還價，他們可能會說：「躺在我旁邊，我才肯去睡覺。」

挾持人質混合了列表中兩種或多種行為。遠在一九七一年時，美國認知學家兼哲學家諾姆・杭士基博士（Noam Chomsky）對史金納博士的「激進行為主義」表達嚴重關切。他批評史金納博士非常不科

學，不負責任的把動物實驗結果直接應用到人類行為上。

事實上，以狗狗來說，溫暖明確的要求就比懲罰和獎勵效果好。去年，我的鄰居為家中的比特鬥牛犬抓狂。「每次狗餅乾用完時，」他告訴我：「牠就不理我、跑走了。」

現代父母大多不再使用獎勵和懲罰為主要教養方法，不過，有些父母在某些情況仍會使用。令人擔憂的是，這些方法卻被學校利用，成為汙點名單。世界各地的黑板，都有寫下學生名字的「榮譽榜」，有的名字上標註金色星星或打勾記號；有的名字旁邊打了好幾個叉。這個方法的問題是：孩子不會因為老師（或父母）的權威而聽話，聽話是因為對他們有好處，所以孩子只在乎回報，而不是師生關係，還會損害老師的威信。

 ## 1990年代，商業管理模式與家庭教養的衝突

九〇年代開始，父母不再用獎勵和懲罰法，他們看到孩子藉著這個制度替自己爭取優勢，也不想當「典獄長」，所以教養的鐘擺又盪回行為管理時期。在這個制度下，父母是經理，孩子是團隊的一分子。家庭討論不再由家長主導，反而由利害關係人（孩子）發起，再由經理人（父母）協助。父母不會使用這些名詞，但提倡這種制度的書籍的確使用了這些名稱。

這些父母會在職場上待久一點、年紀大一點再生小孩。所以，這些父母把辦公室帶回家裡，將工作模式運用在教養，因此身為公司經理的父母，會給團隊（孩子）很多的選擇。

行為管理的重點是「自然後果法」：團隊做了決定，即使經理知道這不是明智的選擇，仍讓團隊經歷艱難、成功或失敗。行為模式認為，若讓團隊付出學習代價，會比將團隊引導到正確的方向好，強調

的是團隊學習而不是後果。現在，這個模式引起了廣泛討論，但結論都傾向自主自治、缺乏管理的團隊會做出利己的決定，對整個經濟和社會造成極大傷害。

也許，在職場上採用這種方式效果很好，畢竟我們都只有某種程度的自主。可是在家庭，不是每個人都是大人。**孩子的大腦還沒有發育完全，沒有足夠的能力做概念性思考，只具備做短時間、自我中心的決定。所以，以自然後果之名，正好讓孩子做出一連串錯誤的決定，反而沒有任何效率**，更何況等孩子搞砸後再問他們（根據某些具影響力的教養書籍建議）：「剛剛的決定是最好的嗎？」

可以想想看：4歲的兒子麥斯嘴裡咬著一把刀，左眼用自製貼布蓋起來，正要爬上書架。我們抬眼看看《如何教養野孩子》的書籍封面，心想：「哦，不，我忘了把那該死的書架釘到牆上了。」過了千分之一秒後想：「他嘴巴裡的是切麵包的刀子嗎？」接下來腦中閃過健保給付項目，還有急診室的畫面。幸好，我們讀過許多「自然後果」資料，決定事後再讓孩子檢視自己的行為就好。

所以我們繃緊神經，決定順著劇情走。當麥斯的弟弟搖搖晃晃的走到書架旁，正在往上爬的麥斯海盜讓書架搖晃起來。這時，我們的決心受到考驗，我們打破了「選擇和自然後果」法則，衝過去把小傢伙帶離危險區。當我們這麼做的時候，書架倒了下來。雖然麥斯沒有被壓到，卻受了傷並放聲大哭，我們趕忙從書架中把他解救出來。這時，我們會發現，自己正聯想到「配偶家族有瘋子基因」，但很快把這個念頭拋到一旁，因為我們知道該怎麼做。對自己說：「沒關係，我有計畫，我要上場了。」

我們把麥斯扶起來、蹲低身子，因為根據書上所說：要孩子檢討剛才的決定時，必須跟孩子眼神接觸。我們心裡想：「我的身高將近六英呎，他還不到三英呎，這一定有道理。」不管怎麼樣，我們拋開身高和發育上的差異，因為這是很重要的事情，我們願意為此犧牲生

命、手腳和IKEA書架。

我們慢慢的、平靜的說：「麥斯，我覺得我們需要看著彼此的眼睛。好吧！你可以繼續戴著眼罩。我們是不是要來檢討一下你的選擇？喔，我還是要問你。麥斯，剛才那是最好的決定、好的決定，還是不好的決定？」因為麥斯有經驗，即使不高興也知道該怎麼回答，才能趕快結束這段對話。他大喊：「不好的！」這時，我們應該會很高興他說對了，因為按照書上所說，麥斯「已經理解，也能為自己的行為負責」。但他大聲叫出這句話時，正生氣的瞪著你，把自己埋進書堆裡不肯出來。這似乎不是理想結果，我們又開始想：「我是不盡責的家長嗎？或者我讀到的建議是錯的？」

 ## 商業管理模式並不適用於教養

行為管理是一種體制，如先前所說，兒童和青少年會有強烈慾望想挑戰體制。以下是一系列有問題的行為管理教養方式：

·孩子會聯手反抗父母的權力

如果把自己設定為「經理」，而家中有兩、三個小孩，他們就會聯合起來抵抗。有些孩子會說：「我們才不想做那件事。」彼此對看一眼，取得共識，而爸爸或媽媽卻想：「應該不會這樣，他們應該會有興趣的。」

·父母會失去決定權

如果想用經營公司的方式來管理孩子，而不是有權威的父母，會讓家庭陷入各式各樣的混亂當中。我們會發現，自己在追著孩子跑，而他們則擁有決定權。我們被動的反擊，而非引導他們。在接踵而至的混亂中，我們會失去耐性大吼：「夠了！照我說的做就對了！」當我們想管教孩子時，給了他們選擇的權力，卻沒有明確的指

引。當狀況發生時，我們憤怒的命令他們照做，卻沒有確實指出要做什麼事。

‧久而久之，孩子會對我們的建議無動於衷

父母問：「剛才那樣做是對的嗎？」孩子答：「我才不管對不對，我不在乎。」孩子就像免疫了，對我們的建議無動於衷。

‧不成熟的孩子掌控了決定權

年幼的孩子會說：「你又不是我的老闆」或是「你不能逼我。」在這種沮喪又不安全的情況下，孩子自己決定要做什麼。

‧孩子開始拒絕合作

不管父母說什麼，孩子就是雙手抱胸、拒絕聽父母的話。孩子離開工作崗位，就像罷工。

有個孩子對朋友說：「喔，我故意等到她講電話，才去拿我想要吃的食物。」父母希望有合作、開明和信任的親子關係，但若只管理行為，孩子只會偷偷摸摸的做。

‧孩子會否認每一個狀況

孩子會看著父母的眼睛說：「不是我。」我們不時會聽到這種話，但當孩子否認了每一件事時，就是大問題了。這可能會變本能反應，對認為事情不該是如此的父母來說，很令人沮喪。

‧孩子模仿父母的反擊方式，只會讓父母自食惡果

早熟的7歲女孩對媽媽說：「妳要跟我說對不起。」10歲的小孩說：「那樣很傷我的心，媽，妳要不要道歉？」這些小女孩聽過太多類似的話、有樣學樣。不用說，聽到這段話，媽媽一點都不高興。我聽過12歲女孩用非常鎮靜的口氣對越來越火大的父親說：「對，我看得出來，你一定覺得很挫折。」父親後來說，女兒的口氣跟他一模一樣。

‧孩子會封閉自我，不願與父母正面交流

當他們否認的時候，至少還能溝通。當孩子說：「我不想聽。」

封閉自我、完全不理我們，然後假裝對自己的衣袖比父母說的話感興趣時，很令人火大。

‧孩子四兩撥千金的將父母的關心排除在外

孩子就是不讓父母說的話進入他們的世界，還用訓練有素、心不在焉或無聊透頂的口氣說：「隨便啦！」「是，也許。」和「嗯哼。」孩子好像在打太極拳，把施向他們的力量推掉，這讓父母覺得無人理會和不受尊重。

‧孩子可能會對父母展現敵意

孩子的這種反應很令人困擾，他們會說：「你知道，我可是會發脾氣的。」甚至用充滿敵意的態度威脅我們。有些青少年會站得很近，對父母怒眼相向。

員工和管理階層關係破裂時，會開始談判和討價還價。如果還是沒有結論，就會指派仲裁者，若有一方不肯接受，就得接受法律制裁。換句話說，這是有程序且絕對有最後裁決者。

家庭中並沒有這種程序或安全網，也沒有更高的權力或仲裁者。那麼，父母就必須擔任這個角色。**重點在於，父母改當經理人是非常愚蠢的，因為我們不能辭職（也不能開除孩子）。**

 ## 利用有限的選擇，平衡自由與管教

行為管理法主要是提供選擇的教養法。**給孩子選擇權沒什麼不對，但是必須在孩子腦力發展完全、有衡量後果的能力時才能用**；否則，孩子會在尚未成熟時獲得太多權力。9歲左右，孩子才稍微了解社交因果關係，若還沒有能力處理卻得到太多選擇時，孩子會很困惑、不安。沒人管的感覺會讓孩子不舒服、害怕；給孩子太多無法處

理的選擇時，甚至會產生挫敗感。重點是：選擇→檢討→做錯決定→失敗感，這種惡性循環讓孩子很洩氣。

這樣可能會產生許多負面的行為。有位家長告訴我：「我本想培養孩子的責任感，才給他這麼多選擇，結果卻養出自以為是的小孩，有時候我根本不認得他了。」出自愛心、用意良善的家長願意坦承這點很不容易。

與其給孩子開放式選擇，不如給他們有限選擇。例如，家長可以對孩子說：「你可以從這三種麥片中選一種當早餐。選哪一樣都沒關係。」**這樣就能給孩子自由的感覺，又不會放棄父母的權威。**孩子喜歡這樣，因為不管他選擇哪一種麥片，都不可能被要求檢討，也不可能做錯決定。

 ## 孩子能理解父母是否真誠的讚美他們

九〇年代末期，又開始恢復嚴格指揮的教養法，我們稱之為「讚美法」。這個方式很微妙，表面上看起來像是開明、正面和鼓勵的方式；然而，儘管以肯定的方式，自然的讓孩子知道父母有多感謝他們的幫忙，但「讚美法」卻把讚美帶到了另一個境界，在強度和頻繁度上幾近瘋狂。就像在獎勵和懲罰的表面塗上糖衣，把重點放在讚美，而不是懲罰上。

肯定孩子所做的每件事就像獎勵和懲罰，是抓住幼兒想獲得注意力的心理操縱他們，透過獎勵或懲罰的方式來控制小孩。

下面是我親眼目睹的情況，可總結過度讚美所造成的問題：

某個週六早上，有位爸爸帶著六、七個年齡相仿的小孩下了廂型車。爸爸背著裝滿美術用品的背包，走到野餐桌旁，把繪畫用具拿出

來擺好。媽媽只幫忙一下就挪著輕快的步伐離開了，顯然這是她期盼已久、由爸爸負責照顧小孩的早晨，也是她休息的時刻。等所有孩子都坐定開始畫畫時，這位爸爸就在旁邊打轉，不停說：「做得好，阿曼達，畫得真漂亮。哦，蘇菲，妳那張真是傑作。回家後，我們可以傳照片給奶奶看，乾脆現在就拍照片傳給奶奶。哦，強納森，那匹馬畫得真美。做得好！」爸爸很體貼，但讚美過頭了。

後來，當爸爸去店裡買零食的時候，少了那些沒完沒了的讚美，每個孩子似乎都鬆一口氣。強納森應該有10、11歲了，他低頭看著受到讚美的「馬」說：「真是的，我想畫的是母牛！」他把紙揉掉，一臉不高興。

你可能會替這位父親感到心寒，因為他盡力了。很多父母都給孩子過度肯定和讚賞，這很正常。我們都希望孩子有自信、覺得自己做得很好，但這樣做卻可能顯得不夠真誠。

 ## 過度讚美造成的教養問題

為了控制孩子的行為，而剝削孩子想獲得注意力的需求並不恰當。如果放縱這種過度讚美的教養法，就有可能失去跟孩子的真誠連結。當我們過度肯定孩子時，可能會發生下列的情況：

· 憤世嫉俗

孩子可能會憤世嫉俗，因為他們知道自己不是每件事都做得很好。過度讚美的父母可能會關閉親子之間寶貴的信任感。

· 虛偽

孩子還不太會歸類，所以會覺得父母很虛假，認為在其他情況下，父母也不真誠。管教時，就會造成嚴重的問題。孩子認為父母有

時候不真誠、不知道我們現在說的話是不是真的，所以會極力反擊。孩子不聽話，其實是為了要弄清楚「什麼是真的」，而過度讚美就是這種不健全家庭的根源。

·罪惡感與讚美的惡性循環

這種罪惡感與讚美是家庭能量的惡性循環：

1. 過度肯定讓孩子失去安全感，或沒人注意到他的感覺。
2. 孩子會刻意激怒父母，以便讓父母看見他，並獲得安全感。
3. 父母會變得沮喪或憤怒，說話口氣會變得嚴厲。
4. 說氣話之後，父母覺得有罪惡感。
5. 父母會更加讚美孩子，以便彌補罪惡感。
6. 惡性循環繼續上演。

 ## 過度讚美對孩子造成的十種阻礙

1. **家中小霸王**：被過度讚美的孩子通常會變得自我中心，難以發展同理心。若孩子沒有認知到自己的行為會影響到手足和父母，家庭生活就會變得困難重重。當父母想要指出當前所發生的事時，自以為是的孩子可能會搞不清楚狀況，或是防衛心很重。當我們問受到過度讚美的小孩：「你不覺得這樣對弟弟很壞嗎？」小霸王只會聳肩回應。

2. **對交友的影響**：同樣的問題也會出現在交友中。持久的友誼並非建立在獲得利益上，而是第七章提過的四種層次的愛。

   · **性愛**：完全靠直覺吸引力和慾望，或者可以從中得到什麼。

   · **友愛**：這個有條件的愛，跟共同嗜好有關：「我們都喜歡同樣的東西。」

   · **仁愛**：付出時不期望對方有所回報。

- **大愛**：無私幫助我愛的人成為他想成為的人。

  成長期間，在過度讚美的大海中漂流的小孩，長大後會很難付出與分享。需要的時候，有朋友陪在身邊是很棒的事，我們都希望孩子能有這樣的朋友。但孩子在成長時，也必須學會在他人需要時，陪在他們身邊，而不是指望得到別人的服務和讚美，卻不做任何回報。

3. **對學業的影響**：史丹佛大學心理學教授卡洛‧德弗克博士（Carol S. Dweck）這麼說：「過度讚美會使孩子『表面上看起來聰明，但不是真聰明』。」一直到青春期都得到無數讚美的孩子懼怕失敗，只會選擇能得高分的課程，而不會選擇辛苦學習只得乙或乙下的課程，因為這樣才能得到讚美。諷刺的是，原本希望透過肯定增加孩子的自信，卻無意間因為怕失敗而限制了學習。

4. **對婚姻／伴侶關係的影響**：在兒童期播下任性的種子，加上過度使用「做得好」的肥料，未來的伴侶關係就會採收這些成果。試問，哪個妻子會稱讚丈夫做得每一件事？當然，在親密關係中，最親的伴侶偶爾會說：「我們某些事做得不大好。」如果在成長期間沒有學會接受批評，面對批評時就不會處理得很好。容易有遭到背叛和被遺棄的感覺、歷經一連串情緒低落反應，因為成長期間總是認為自己每次都做得很好。

5. **在職場上的影響**：職場成功的關鍵在於有能力在各種訊息中找出問題、接受批評和讚美，做出正確回應。利用吸收到的資訊自我改進、隨時調整因應方式，才會成功。在成長期間得到過多讚美，卻在工作上受到批評，孩子不太可能想知道真正的原因，只跟會讚賞他們的同事為伍、甚至在工作中碰壁就會勃然大怒，因為他們深信「每個人都說我做得很好。」

6. **容易落入操控**：在口頭稱讚兩歲幼兒的行為：讚美他吃東西時沒

灑出來，或讚美5歲小孩能自己整理美術用具，這對誰有好處？告訴小孩做得很好，有沒有可能不是為了安撫他們，而是為了自己的方便？

讚美可以在短期間奏效的原因是：幼兒渴望得到我們的肯定。但我們有責任不為貪圖方便，剝奪孩子的依賴心。為了強化某件事說：「做得好！」是藉著讚賞讓生活輕鬆一點，就算孩子無法分辨，也可能覺得自己被操縱。

7. **竊取孩子的快樂或創意**：如果父母一直在孩子身邊徘徊，當他創作某個作品時，一直講話或不停讚美，孩子沒辦法專心深入創意空間。熟悉《簡單父母經》的人都知道，創意遊戲對孩子有多重要：它能幫助孩子消化這個世界的訊息。如果一直讚美孩子，他們永遠無法安靜處理各式各樣的生活經驗，與吸收到的相關圖像。導致孩子壓力過大，產生第一章討論過的「反擊、退縮」困境。

8. **製造讚美垃圾**：說「做得好！」並不會讓孩子安心，反而會使他們更沒安全感，甚至會產生惡性循環：越是拚命讚美，孩子就越需要讚美。有的孩子長大成人後，還需要別人拍拍他們的頭、說他們做得不錯。我們當然不希望孩子變成這個樣子。

9. **在乎別人的眼光**：有位媽媽說：「當我不再稱讚他時，就找回了自己的生活，因為我不需要隨時注意孩子、讚美每一件事。」她補充：「光是這個理由，改變就值得了。」節制讚美會讓孩子用耍寶或令人吃驚的方式博取父母的注意力，並獲得應得的讚美。

10. **魅力攻勢**：跟批評一樣，孩子也會對父母或其他小孩加以讚美，對其他小孩說：「做得好！」利用這種魅力操縱別人。蘇西的例子就是個很好的警惕。

3歲的蘇西從小生活在經常讚美的家庭中。某次，蘇西想向朋友布莉要一個洋娃娃，但布莉不肯，於是蘇西就拚命讚美另一個自

己不想要的洋娃娃。她拚命說這個洋娃娃有美、多好。當蘇西假裝洋娃娃用奶瓶喝了牛奶時，她說了這句魔咒：「做得好！」這個方式奏效了，她們交換了洋娃娃。蘇西使用詭計騙布莉把洋娃娃給她，這不禁讓人納悶，這麼小就學會操縱別人，將來會怎樣交朋友？

用安靜的陪伴與關注，取代「過度讚美」

輕柔緩慢的說話：陪伴的藝術

安靜、關愛的陪伴是對孩子的深度肯定，做其他的事都會讓孩子分心、變成噪音。

舉個例子，孩子正在畫畫或建造某樣東西，父母經過時要放慢腳步、停下來。很多父母都說，學會停下來並不容易，因為我們總是忙著走來走去、相信忙碌等於有效率。我們應該反過來學習如何停下來、安靜的關注孩子。

利用輕柔緩慢的說話方式，就能下意識停止過度讚美：

· 放慢腳步、停下來。

· 用溫柔的眼神看孩子。

· 少說話。

· 陪伴在孩子身邊。

與其重複口頭上的肯定，不如嘗試待在孩子身邊。把工作帶著、坐在專注玩耍的孩子身邊，單純的陪著他。即使只有十五分鐘，也要讓孩子看到父母也在專心做事。可以在孩子身旁寫卡片、修理東西、織毛線或削紅蘿蔔。許多孩子在工作坊中做勞作時，也會停留在父母身旁。

當孩子創作時，父母只要跟孩子坐在一起，就會展開感情的連

結。也許偶爾說一句話，但主要是靜靜陪伴，彷彿星期日和孩子在小船上，隨著輕柔的河水漂流而下，一起凝視著四周景物。不需要開口說話，越是安靜，體驗就越深刻。

適當的讚美可以讓家庭關係更穩固

有限的肯定能幫孩子建立更堅強的家庭關係，但許多父母會說：「不說話真的很困難。」如果是經常讚美的父母，通常要一陣子才會習慣少說話、少讚美。練習以下八個肯定方式：

1. **讚歎聲**：單純看著孩子的畫作說：「喔！哇！」就夠了。這種親切的評語不會分散孩子的注意力，讓他們繼續手上的事，而且是真誠的鼓勵。

2. **讚美過程**：讚美過程是鼓勵孩子繼續做下去，並肯定做的過程，而不是結果。可以說：「看樣子還蠻順利的。」或是「你有進步喔！」

3. **說清楚**：幼兒主要透過做事來學習，清楚描述是幫助孩子從成就中找尋自我。可以說：「謝謝你在沒人叫你的情況下幫忙擺餐具。」前青春期孩子會很感激父母保持這種實事求是，不太怪異的態度。

4. **肯定孩子掌握時機**：讓孩子知道他們掌握好時機，能維繫手足和親子間的感情。告訴孩子：「你當時幫妹妹非常好，因為那塊木頭太重了，她搬不動。」還可以運用到教養方面，可以說：「莎拉，妳昨天幫妹妹建堡壘時做得很好，不過今天這樣就不太好了，因為她說了不要妳幫忙，所以她才不高興。」

5. **肯定困難或犯錯**：注意到孩子很努力克服困難，就是肯定他們的最佳方式。父母可以說：「我看得出來，跟籃球隊一起練習投籃對你來說很不容易，但你真的很努力。」這樣能鼓勵孩子堅持下去，並教育孩子「困難和犯錯是學習的必經之路」。

6. **說出看到的事實**：「你自己穿好鞋子了！」或是「你今天畫畫用了很多紅色喔！」這樣對孩子來說很好，能避免批評，也會讓孩子描述他做事的過程、分享怎麼做到的。用這個方式對前青春期的孩子說話非常有效，因為批評會讓他們封閉並退縮到內心深處；單純觀察則會打開溝通的橋樑。

7. **詢問相關問題**：「畫畫最困難的是什麼？」或是「你是怎麼想出來，怎麼有辦法畫出這些腳來？」孩子可能會回答：「對啊！是滿困難的，你知道布蘭登的腳真的很寬，就像鴨子的腳，只不過他不會像我們這樣說，而且⋯⋯」接下來就會出現很長的故事了。我們會看到孩子的世界出現，並在孩子身旁聽他熱心訴說。孩子自然知道自己有沒有畫好，但是沒有父母會像假藝評家批評孩子的畫法，讓孩子關閉心房。

8. **回顧、複習成功的例子**：「你知道，即使不滿意現在這張畫，但我知道，也看過你能克服。」孩子都活在當下，這樣的肯定有兩項功能：讓孩子知道，父母了解他的挫敗感，有這種感覺沒關係。一旦了解他的感受，表示父母看的是大方向，並記得他的成功例子。這樣比給孩子一堆建議好多了，雖然很想提供建議，但我們可能會被拒絕，因為這只會讓孩子覺得自己無能。

 ## 站穩自己的立場，就是最有效的教養法則

要避免孩子發現我們又讀了另一本教養書，否則他們會翻白眼，好像在說：「小心點，他又看了另一本書。」**孩子需要我們站穩自己的立場，當爸媽的行為舉止不符合本性時，孩子會知道。**了解新趨勢和過度肯定的危險，當自己用負面語言說話時，暫停一下、改用自己的說話方式。

拾、簡單教養四大支柱：用簡化與規律，讓孩子減輕壓力

 降低外界壓力，讓孩子發展復原力

　　如果孩子出現第一章提到的「被淹沒」反應，現在，我們應該很清楚是什麼原因觸發了這些古怪行為：外界給孩子太多壓力，沒有足夠的休息或安靜時間讓他們發展復原力。有四個方法可以立刻為孩子減輕壓力，避免反抗和被淹沒的反應。如果讀過《簡單父母經》，有些概念會讓你很熟悉，但運用的時機點非常重要。

　　1. 平衡、簡化孩子物品數量（例如：書本、玩具和衣物）。

　　2. 強化生活的節奏和規律。

　　3. 平衡、簡化行程數量。

　　4. 過濾成人對話。

能玩的東西變少，反而增加孩子的合作機會

　　降低壓力的最佳起點是清掉雜物，減少孩子房間和家中的書本、玩具、衣物和其他無關緊要的東西。許多父母執行後表示：減少雜物

之後，孩子的行為就改善了。仔細想想，當孩子擁有的東西變少，心理和情緒會有什麼改變，就會明白這樣做的道理。當孩子的東西變少，就會覺得擁有的物品更寶貴；跟別的小孩一起玩時，也會學著分享僅有的物品。小東西就能啟發孩子的想像力，比如說：蓋在框架上的毯子、客廳地毯上的小汽車、充當屋頂的一塊木板，因為東西有限，所有物品都可以發揮最大效益。此時，會促使負責刺激協調合作的大腦系統發展，這些系統對情緒處理和行為非常重要，也跟心理健康、社交協調和同理心的發展有關。

採取簡化方式的父母說：「減少家中物品時，三個孩子更少吵架了。這不是很奇怪嗎？」原本覺得會得到反效果，但事實上，**能玩的東西變少，孩子就得增加合作機會。家中物品太多，孩子就會在玩具或3C產品間不停切換，而這種行為會刺激扁桃腺、啟動原始的「反擊、退縮」反應**，也比較無法發展有創意的健全互動，減少後就可以避免這種情況。如之前所說，學習玩具的多種玩法需要用到跟社交合作有關的大腦區域。簡化孩子環境這種正面性的改變，或許看似如魔法般神奇，但卻是非常基礎的改變。

鼓勵孩子用協調的方式玩樂，父母就不需要常常調停紛爭。為什麼要等到孩子為了爭奪玩具吵架，才拿走玩具呢？何不主動干預，然後好好享受孩子的笑聲和只能玩幾個簡單玩具的寧靜時刻。

運用規律感與可預期性，減少孩子失控的狀況

對付孩子每天的難纏時刻，最好的方式就是建立節奏感和規律。孩子容易發作的時間通常是早上上下車時、放學後寫作業時、上床前洗澡、刷牙這種例行公事時。如果父母敏銳觀察，就能感覺到這些激烈情況即將發生，並做好準備。

建立節奏感，綜合小細節和教養藍圖。教養藍圖是固定時間做同一件事，週末可以寬鬆一點，但要按時執行，彈性並不大。同時也要

兼顧小細節，例如肥皂放在同一個地方，牙刷和牙膏用同樣的方式擺放，毛巾的折法也一樣。如果年紀較大的孩子已經會自己準備便當，可以每天在廚房同一個地方製作三明治、使用同一個砧板、用幾乎相同的方式擺放食物等規律。

　　或許你會覺得這樣太無聊、太公式化。難道不能有創意和隨興一點嗎？（弦外之音是：混亂）有位媽媽說她來自死板無聊的規律家庭，我可以理解她不想對自己的小孩實施這種方式，但是規律感和公式化有很大的差異。公式化是冰冷的重複，通常在父母做家事的時候叫孩子走開，這樣會切斷孩子跟家庭生活的流暢感；**規律感則是溫馨、好玩的，而且能增進孩子跟家人的感情，父母通常默默關注孩子。**應用的方式會決定教養是公式化還是規律感，當父母跟孩子一起做事、共度這一天、邊談天說笑邊增進感情，會充滿規律感。這樣做事時，工作就變得次要了。

　　將規律帶進孩子的生活，不但讓我們從先前繃緊神經的突發狀況中解脫，也可以心血來潮去做些好玩的事。

| 簡單規律的家庭生活 |

　　有天晚上，剛上餐桌後我突然問：「有人想去看康乃狄克大學女子籃球比賽嗎？」10歲和12歲的兩個女兒紛紛大叫：「我們要去！」太太露出驚訝的表情，她很清楚籃球賽是快節奏、吵鬧的地方，我們不是應該要簡化家庭節奏嗎？但是她卻問：「比賽什麼時候開始？」「三十分鐘後……」我畏縮的回答。結果她一秒都沒停頓（呃，也許有一、兩秒），立刻宣布：「好，走吧！我們可以把晚餐打包到車上吃。

　　三十分鐘後，我們走進小巨蛋。兩個女兒目瞪口呆的站著，超大的螢幕閃動著，啦啦隊員躍到半空中，由年輕的肌肉男接住，現場還有大砲把一堆T恤投射到成千上萬的群眾堆裡。

我們晚上十點十五分回到家（隔天要上課），然後進入有規律的自動導航模式。清理晚餐殘骸、澡洗好了，而且刷了牙、梳好頭髮後，我們在十點四十分關燈。每個人都知道該做什麼，也自動自發去做，讓我覺得很不可思議。隔天兩個女兒又回到每日的軌道上，一切都很順利。她們沒有情緒不好，也沒有怪異的行為。我當然不是模範家長，但經驗告訴我，簡單規律的家庭生活能幫我們保持冷靜，且能隨時充滿驚喜。

如果已盡力要讓生活有規律，但還是覺得有點忙亂，可以試試規律所附帶的策略：可預測性。

可預測性雖沒有規律感的威力，但仍能提供孩子安全感，也能綜合小細節和教養藍圖。教養藍圖要幫孩子對隔天即將發生的事有概念，有些父母會在晚上跟孩子一起坐下，把隔天的行程快速說一遍。記得不要講得太過詳細，給孩子留一點想像空間。有些父母會在睡前給小孩重點提示；有些父母只是和孩子討論當天遇到的「玫瑰和刺」，還有預期隔天可能會碰哪些「玫瑰和刺」。（「玫瑰」代表快樂的事，「刺」代表難處理的事。）

如果決定要採用預覽方式，特別注意孩子常卡住的點。可以簡單做個計畫，看要怎麼應付隔天會遇到的難題。通常只要能想像和認知到會有這些艱難就夠了，這樣能給孩子有人能共同分擔的感覺。

運用小細節是把要做的事拆成幾個步驟：「托比，待會兒就要上樓去睡覺了，等我把碗盤收好就會上去。」這就是對孩子預告即將要發生的事，而不是突然跑過去，把他帶上樓。這種**可預測、有規律感的生活對孩子來說很重要，會減少很多棘手的教養狀況。**

孩子需要時間處理、消化周遭事物，要避免安排過多行程

孩子需要時間處理、消化周遭發生的事。第一章已經探討了孩子

如何藉著說故事、閱讀和玩樂來強化內心世界。很多父母和教育家都擔心：過多的行程會減少在學校、托兒所，甚至是在家的玩樂時間。正如休息對前青春期孩子的心理和社交，玩樂對幼兒很重要。**不要把孩子的程排得滿滿的，應該要擁抱「無聊」，因為無聊是創意之母。**

當孩子覺得無聊，不必馬上找事情讓他做。事實上，馬上找新的活動排解無聊，就是在增加孩子反抗機會。聽起來跟我們的認知相反，許多父母擔心，如果孩子無所事事就會調皮搗蛋，所以認為忙碌的行程可以避免產生問題。三個小孩的媽媽在參加工作坊三個月後，寫信給我：

我生第一個小孩的時候手足無措，不知道該怎麼管教孩子，以為讓孩子很忙就能避免出狀況。我替他報名了很多課程和運動，他都會乖乖去參加，但在家裡卻變得難搞、不懂事。我又替他報名了更多的活動，也沒有改善，變化讓他變得更沒禮貌、忽視我……老實說，這些活動減少了我們的相處時間，因為在一起的時候也不是很愉快。情況沒改善時，我生了第二個小孩，也幾乎用了相同的教養模式，結果還是一樣難搞。

第三個孩子的到來促使我參加你的工作坊。我知道自己必須改變，我已經搞砸兩次，不想再搞砸了……後來，我減少了老大、老二的活動，令人驚訝的是，他們似乎不太介意。現在，孩子愛死這樣了。最重要的是，我有時間待在家裡，不用為了陪他們玩做太多事、可以稍微喘一口氣，就像先前談過的那樣，讓他們無聊。孩子開始玩自己創造的各種好玩小遊戲，尤其老大還在院子裡建了幾座堡壘……我們現在更親近、更像一家人了，也減少了許多爭吵和火爆場面。我依然得克制自己不去報名一大堆活動，因為別的父母似乎都這麼做，這讓我覺得很內疚。但只要想到去年的情況，就覺得現在這樣很好。

這位媽媽的經驗中，最感人的是她自己發現了關鍵：越想從孩子的生活抽身（安排很多活動，讓他們多跟別人在一起），孩子就越想把她拉回來。孩子知道，最好的方式就是用行動表現，挑戰她的權威。媽媽發現孩子不是故意不聽話，而是想跟她更親近。她鼓起勇氣與眾不同，其他父母都為孩子安排超多行程，她卻允許小孩有休息時間，甚至是無聊的時間。

當身旁的孩子抱怨無聊時，我們該怎麼做？忍住替他們找事做的衝動、超越無聊！讓孩子自己解決這個難題，在全新的獨處時間找事做。

孩子透過玩樂消化外在世界給予的忙碌壓力。不管相不相信，如果給孩子玩樂的空間和很多休息時間，教養問題自然會減少很多。**給孩子規律感、消化的時間、很多休息時間和玩樂時間，他們會找到自我，也不需要透過搞怪來博取大人的注意力。**父母若想建立孩子的內在自我，就不需要經常管教，越是放慢孩子的生活步調，將規律感和可預測性帶進每一天，就能讓孩子發展出內在的力量和自信，也更不需要經常管教了。

接觸太多成人資訊，會侵害孩子的安全感

第四個原則是要過濾孩子生活中的成人對話和成人世界。

適當隔離成人世界很重要。然而，隔離是很微妙的，隔離太多，孩子不會依戀父母，親子間沒有親近感；隔離太少，孩子接觸到太多成人資訊，會認為他跟父母的地位平等，也不是健康的方式。

如果孩子聽到像是戰爭、轟炸、全球暖化、強暴和飢荒這類的全球資訊，他們會覺得這個世界不安全，而且充滿暴力。孩子知道自己很脆弱，他們沒有車子可以逃走，也沒有武器反擊。當父母允許孩子接收這類成人資訊時，會侵害他們的安全感。若是因為我們沒有過濾，讓他們看到或聽到每個新聞事件，或讓他們無意間聽到大人間的

教養停看聽
如果得應付一個以上的小孩，試著讓他們分開。也許把其中一個帶在身邊，叫另一個去做其他的事，或者只是給他們獨處空間（但不要讓他們待在一起，因為孩子可能會藉吵架來發洩無聊情緒）。讓孩子分開十五～三十分鐘，接下來爆發的創意會讓父母大為驚奇，內在世界和創意的活力會開始流動。

談話，就會不小心向潛意識傳達自己很脆弱的訊息。

　　孩子不該聽到的對話，例如：聊到安妮阿姨在跟癌症搏鬥、爸爸在職場跟老闆的衝突，或是孩子老師的缺點。當我們在孩子面前討論這些成人議題時，基本上是把孩子提升到跟父母同樣的層次，容易失去父母的威嚴。如果拉開成人世界的簾幕、露出自己的弱點，孩子難免會沒有安全感。因為認為孩子有權知道，最好告訴他們真相，許多主張平等主義的父母太早跟孩子分享太多事。但是，這些父母卻沒想到，孩子的身心尚無法處理過多資訊，反而會侵害他們的安全感。可悲、諷刺的是，這樣不但沒能培養出具世界觀的公民，反而產生緊張、焦慮和壓力過大的小孩。

　　孩子的保護膜會變薄，甚至被撕破。就像人類不該用地球無法處理的元素汙染大氣層，毀壞地球周圍的保護層；我們要避免讓孩子無法處理的大量資訊湧進家庭生活，因而撕毀孩子的保護膜。現在，因為太早獲得太多資訊，許多孩子都有嚴重的心理灼傷問題。**在孩子面前說任何事之前，問問自己這四個重要的問題：這樣做仁慈嗎？有必要嗎？是事實嗎？能讓孩子有安全感嗎？**除非答案都是肯定的，否則不要說。

 給孩子平衡、簡化的家庭生活，就能解決你的教養難題

　　平衡、簡化孩子的生活是盛裝簡單教養的容器。缺少這個容器，父母為孩子所做的努力都會像在裝滿液體的杯子裡添加東西，絕對會溢出來。太多資訊、太過快速、太色情、太早承受都會造成這種情況，而這些卻已經成為常態。放慢家庭生活的腳步，就能為孩子消化裝進杯子裡的日常事務，藉此得到滋養。平衡孩子的生活，為新的體驗挪出空間，孩子就更能遵守父母設定的規矩。

拾壹、如何面對3C流行教養的危害

 ## 3C產品大大降低了父母對孩子的影響力

該如何降低3C產品的影響力已成為父母的隱憂。以前，這只是過濾孩子與成人世界的一環。然而近幾年，父母和教育家都警覺到，如何讓各個年齡的孩子適應宛如海嘯般的資訊和令人分心的娛樂，因此本書也必須深入探討3C時代的教養問題。對某些人來說，這是很敏感的話題，他們覺得科技大幅度改善了教育和娛樂，還有人覺得這是世界潮流，不想質疑現況。身為教養諮詢師，我覺得問題很明顯：我們必須更有勇氣面對，就像面對孩子為了搶玩具打架或爭吵般堅定介入、謹慎的控制場面。

事先申明，我並不反對3C產品，只想維護人際關係和家庭關係。我也堅信，孩子在不同階段會有不同的發展，每一階段都需要適當的環境才能成長茁壯。老實說，要是證據顯示孩子使用3C產品沒問題，我會覺得安心許多。如果只要順著大眾潮流，給孩子智慧型手機和平板電腦，打開通往社交的大門，生活會輕鬆許多。然而，大部分的研究還有直覺都告訴我，把人類有史以來最強大的工具交到小孩手

中，恐怕是很嚴重的問題。

親情維繫得花時間培養、工作要求與日俱增，3C產品無形的手臂伸進了家庭生活，表示跟孩子相處的時間比以前更寶貴。我們應該將跟孩子相處的每一刻發揮到極致，不要被誘人的3C產品取代。

| 讓3C產品掌權的家庭 |

某次在加拿大卑詩省舉辦的工作坊活動中，休息時有三個年齡約在4～5歲小孩的夫妻，談論他們對抗3C產品的經驗。他們決定大幅減少孩子使用3C產品吸引了我的注意力，尤其那位母親談到減少使用3C產品後，家庭生活產生的正面改變時，提出了微妙又充滿洞察力的看法。但是那位父親更淺顯的解釋了這個改變：「以前是3C產品掌權，現在是芭芭拉和我掌控，就這麼簡單。」他們注意到孩子之間相處得更融洽了，但最大的改變跟教養方式有關。

「老實說，因為芭芭拉堅決要限制電腦、電話和電視的使用，我才順著她，而且我實在厭倦了每件事都要跟孩子爭吵。」這位父親說：「以前，孩子跟我說話的態度好像我是電影裡的小角色，他們是掌權的老大。減少使用3C產品的時間後，他們不再每次都要挑戰我們的權威了。大家都這麼相信3C產品，卻讓我們很難當個好父母，實在很奇怪。」

 ## 3C產品如何減弱父母對孩子的教養權力

我們開始了解3C產品對孩子的影響力有多大。而現在，我們會檢視3C產品對父母引導和管教的影響有多大。

3C產品無所不在，孩子在學校、商店、加油站、機場，還有圖書館和餐廳都會碰到，甚至是孩子的背包、口袋和手上。十～二十年

前，只在某些地方或家庭裡才能看到電子產品，當時就談到「電視機」對孩子的影響力。今天，「3C產品」這個詞更為貼切，包括了各種多媒體產品，走到哪裡，3C產品就跟到哪裡，沒有時空界限。這是一個新世界，對家庭也是很重大的變革。

孩子使用3C產品爭論多年，辯論通常會變得激動、兩極化。儘管我也有偏見，但我也讀了很多層面的書籍。校潤本書最後一章時，最新的研究報告引起了我的注意。這份報告非常詳盡，簡單來說，它顛覆了遊戲規則。我不想危言聳聽，也不輕易使用這個詞。我讀過成千上百關於此議題的文件，但是偶爾會出版非常具權威的研究報告，將這個議題精簡濃縮，值得大家關注。

〈學習習慣研究〉是有史以來，對家庭日常生活最廣泛的調查研究。有近四萬六千個受訪者，加上布朗大學醫學院、布蘭迪斯大學、國家兒童醫學中心、新英格蘭兒童心理學中心的研究學者，共同做了長達三年研究，並跟醫學網（WebMD）、全國家長教師協會、《哈芬登郵報》和《美國家庭雜誌》共同合作，擴大在全國各地的研究。以下是研究的幾個重點：

・3C產品對學習和成績的影響

每天使用產品三十分鐘，成績會降低；每天使用超過兩小時，成績會顯著降低；每天使用3C產品超過四小時，學生的平均分數會降低整整一級。

研究團隊也考量到「很多孩子用電腦和其他3C設備做作業」，即使是寫作業，孩子的成績仍會降低。

・3C產品對睡眠的影響

孩子和青少年每天花超過四小時在3C產品上，比起有限度使用3C產品的孩子，平均多花二十分鐘才能入睡。

・3C產品對情緒的影響

3C產品會產生社交和情緒不穩狀況，也會截斷家人間的感情，因

為花時間在3C產品表示必須犧牲其他時間。研究學者發現，這對家人相處的時間有顯著衝擊力，但跟家人相處是兒童發展不可或缺的一環。

相反的，孩子花越多時間與家人互動（簡單聊天、玩遊戲或聚在一起），他們花在3C產品的時間就會越少。花較多時間跟家人相處的孩子，社交技巧會比較好，也更能妥善處理情緒。

・3C產品對專注和堅持的影響

我們容易忽略「克服困難」對孩子的價值，只有在教養出問題時，父母才不得不處理。研究發現，孩子使用3C產品的時間增加，面對困難的能力會降低；若限制使用時間，同時還要做家事，在社交、學業和情緒上，孩子的表現都比較好，而且更能專注。簡單的家務事，像是擺餐具、烹飪或幫忙洗衣服這些雜事，都能讓孩子更有自信與責任感。

教養停看聽
知名的研究機構提出幾個「孩子使用3C產品會有的負面影響」：
1.影響學習和學術能力
2.影響社交和情緒生活
3.影響睡眠
4.影響專注力
5.影響克服困難的能力
6.影響與家人聯絡感情

每天使用3C產品四小時以下，就會出現上述影響，而這還是美國平均使用時數的一半！這真是一大警訊，尤其父母還會想到，當初為什麼要把3C產品給孩子使用。給嬰幼兒使用3C產品的父母相信，這能幫助大腦發育。**美國兒科協會聲明，沒有可靠證據顯示：任何形式的3C產品對嬰幼兒有益，反而有證據顯示「可能有害」**。光是少量使用就會侵害許多重要能力發展，怎麼會對大腦有好處？

〈學習習慣研究〉指出，過度使用3C產品非常危險。對年紀大的孩子和青少年來說，過度使用3C產品會增加心理障礙，包括過動、情緒行為問題、社交障礙和學業不佳等。美國神經心理學家珍‧海莉博士（Dr. Jane Healey）指出，3C產品中，快步調畫面會阻礙大腦專注力，造成注意力不集中、瞬間刺激也會導致孩子失去耐性。美國神經心理學家丹尼爾‧西蓋爾博士（Dr. Daniel Siegel）也形容，電腦螢幕讓孩子宛如陷入催眠狀態，彷彿視覺在處理「快速又骯髒的路

線」、「腦部充滿根深蒂固且不靈活的反應模式」。

　　這只是其中一個研究，卻非常清楚顯示：即使少量使用3C產品也會傷害孩子本身與親子間的感情。許多公園和學校禁止小孩爬樹，因為他們可能會從樹上掉下來受傷。但是，我們不是更該擔心，孩子坐在樹下玩真正會傷害他們的3C產品？結果，我們不但允許他們玩，甚至還強烈鼓勵孩子使用3C產品。

　　反對3C產品最普遍的觀點是：父母認為這些東西已經是現實生活中的一部分，接觸3C產品已經很普遍了。我們應該懷疑這種態度或信念，因為它暗示：被3C產品掌控的生活是正常、健康的。與其接受，我們更該感到震驚，並且自問：在人生中，即使有堆積如山的證據證明「3C產品可能會傷害孩子」，我們仍會把它當成一種文化，允許、支持，甚至鼓勵這種活動嗎？

從3C產品對人際關係的影響，理解是否該讓孩子使用

　　我們希望孩子能融入環境，這也是3C產品滲入家庭生活的主因。但問題是融入什麼樣的環境？我們真的希望孩子融入過度使用3C產品和深受電子媒體影響的小孩嗎？這類孩子可能患有注意力缺乏症、學習障礙、語文障礙，難以分辨現實和幻想、缺少創造力，而且都有社交溝通問題和衝動控制問題。

　　我不斷觀察自己的孩子，還有幾百個少用或不用3C產品孩子的交友模式。二十多年來的觀察，讓我推算出「交友公式」。一起來看看運算結果：

‧第一組：跟虛擬世界強烈連結的小孩

　　每十個小孩當中，至少會有四個重度沉迷3C產品，每天大約花

七‧五小時在3C產品上，也是美國小孩的平均使用時數。大部分父母聽到這個數據都很震驚，但七‧五小時只是平均數字，顯然有小孩花更多時間在這上面。

‧第二組：中度使用者

十個孩子中有三、四個是中度使用者。如果有機會玩耍，他們不會選擇3C產品。問題是，他們沒有機會玩耍，或跟不玩3C產品的朋友在一起。

‧第三組：一般小孩

現在只剩下兩、三個很少使用3C產品的小孩，他們受到嚴格管制，每周只能使用兩～三個小時，或者在家時完全不用。這些小孩比較有創意、創造力、適應力也強，是非主流的小孩。他們不會盯著螢幕，或跟現成的創意互動，而是自己創造。因為他們收到了「無聊」這個禮物，得想辦法找到自娛的方法。

 ## 情緒控制、同理心，才是人際關係的重要根本

少用或完全不用3C產品，對孩子的交友狀況有什麼影響？

1. **重度沉迷3C產品的團體「可能不想」跟這些小孩或青少年玩，孩子可能會錯過奇特的「網路語言」和「火星文」。**

2. **受歡迎的高科技小孩和受歡迎度的消長：**新研究顯示，外型亮眼、積極進取的小孩「不一定」受歡迎。關鍵在於受歡迎跟真正讓人喜歡是有差別的，這就是高知名度、無法長期受人歡迎和低調、持久的討人喜歡兩者間的差別。換句話說，對前青春期的孩子來說，外貌和威脅只在短時間、表面上有效。

《英國心理學發展期刊》資助的研究發現，**受歡迎的小孩有很好的「心智理論」，就是具有同理心和從他人觀點看事情的能力。**

除此之外，研究報告顯示，**懂得控制情緒和衝動的孩子有更好的社交生活。**孩子在社交表現更好時，比較不會感到焦慮、煩惱會比較少，加入某些團體時也很少碰到阻礙。

當父母煩惱「要不要減少孩子接觸3C產品的時間」時，也不希望孩子成為社交邊緣人。這時，我們更應該考慮長時間接觸3C產品會有下列情況：

・**孩子有暴力傾向。**暴力會讓孩子受歡迎嗎？不會。有誰想要跟隨時可能會打你、欺負你或拒絕你的人當知心朋友？

・**缺乏同理心和社交技巧低。**這些都不是受歡迎的基本條件。有誰想跟自私自利的人作朋友？

・**控制衝動能力薄弱、沒有耐性和注意力不佳。**這些特質會討人喜歡嗎？不會。有誰想要動不動就轉身離去的朋友？

　　討人喜歡的孩子在學校、鄰近社區才會有快樂的社交生活，在家中也能跟兄弟姊妹和諧相處。友誼並不是建立在操控和恐懼、最新3C產品和時裝這些因素上。這些孩子有自己的個性，不會被物質吸引。當然，他們會打扮自己、偶爾看看電影，但不會靠這些東西，也不會用這種方式定義自己。長大後，這些孩子有能力運用自己的道德羅盤處理人生大小事，不會倚賴外界的肯定來發掘自我。他們不會花成千上萬小時在3C產品上、看別人的創意成品，而是自己發掘和培養內在創意的泉源。

3. **這樣的犧牲並不大**：越來越多父母開始保護自己的孩子「不受沉迷3C產品玩伴的影響」。看到這些孩子將寶貴的生命埋在有毒的大眾文化底下令人痛心，但我們知道這些沉迷多媒體遊戲的小孩，沒有興趣跟自己的孩子為伍，所以不必為此煩惱。我們的孩子也不想跟那種高知名度、無法長期受人歡迎的小孩長時間相

處。我們希望孩子為了加入這種小團體而擠破頭嗎？當然不會！我們希望孩子在成長期間有自己的內在力量、在社交上調整自己，因為這種社交動態是生活的一部分。我們不要孩子為了成為當時「酷小孩團體」的一分子，犧牲寶貴的自我。

畢竟，當愛碰到壓力、人生碰到困境時，你想跟誰當朋友？對你的痛苦只會用簡訊回應，然後話題立刻轉到可以讓他「嘲弄挖苦，閒聊是非」的人？還是某個願意陪你坐下來、聽你訴說心事的人？我們內心知道可以跟誰取得情感連結，這些人才是真正的朋友。

操控：心碎的莎拉

莎拉很興奮，因為她剛收到海莉的簡訊，她是班上最酷炫的女孩。海莉邀請莎拉跟六年級女生組成的強大死黨團體——「交遊社」一起去看電影。莎拉很快就接受邀請，之後，海莉和交遊社的夥伴就對她超級友善，甚至邀請莎拉加入取笑他人的簡訊群組，巧妙的欺負班上其他同學。

莎拉的媽媽很驚訝，但是也承認自己既高興又擔憂。她事後說：「我就是覺得這件事有點怪怪的，但又說不上來到底是哪裡怪。」不管怎麼樣，因為莎拉拚命懇求，所以媽媽就答應讓她去了。

看電影那天晚上，這些女生在電影院會面。莎拉第一個買票，而交遊社的其他女生買票時，彼此猛傳簡訊。來到影廳入口時，交遊社的女生刻意站到後面去，讓莎拉先進去影廳內；其他人則隨意的走進另一廳，因為她們已經買了另一廳的票。起先，莎拉東張西望，納悶其他女生到底在哪裡，後來猜想她們大概是坐在擁擠電影院中的某個地方，當電影結束後，她們就可以會合、一起去吃冰淇淋。可是，電影散場後，莎拉找了又找，就是找不到那些女生。莎拉很緊張，因為電影院已經空了，而海莉的媽媽要來接她們。莎拉查看簡訊，結果海

莉傳簡訊說：「我不想讓妳加入。」

　　莎拉的眼眶湧起淚水，她們策劃這整件事情來戲弄她，從莎拉被安排在買票隊伍前面，到影廳入口時，其他人又刻意站在後面，還有交遊社先前來接她的事。最糟的是，交遊社拍了很多莎拉獨自進電影院的照片，放到網頁上，用大標題寫一些輕蔑的話。

　　海莉和她的朋友用強力的接受和拒絕方法來操控莎拉，也操控全班同學，展現出強烈的主導欲。莎拉不會把當時發生的事告訴任何人，她會忍氣吞聲，獨自承受羞辱也不肯說。可是一旦照片被放到網站上，尷尬丟人的事件就曝光了。

　　「我應該相信自己的直覺才對，」莎拉的媽媽說：「我應該堅持親自去跟海莉媽媽談，而不是放任那些孩子互傳簡訊。我永遠不會再犯這樣的錯誤了。我只是沒辦法想像那些女生竟然會做出這麼卑劣的事，竟然這麼會耍詭計。」莎拉的媽媽還是很善良的說：「其實那些女生也不是『壞小孩』，她們只是需要家長多關心、多參與。」

 ## 3C產品讓孩子進入逃避寂寞的惡性循環

　　對於沒有隨時跟社交媒體連線的小孩來說，最大的好處是：他們不會把「獨處時間」誤認為「寂寞」。他們不會為了交友上網，而是享受跟自己的夥伴或幾個親近好友在一起。他們不會被網路上的「加入好友」吸引，也不會藉由吸引多少「追蹤者」來評斷自己。大部分的人都知道，真正的友誼跟網路上結交多少朋友、有多少追蹤者無關，而是跟私人關係的品質有關。可以自在獨處的小孩會吸引別的小孩，我們都希望孩子能站穩自己的立場、自然的做自己。許多人生轉變、突破的時刻都發生在跟自己的思想和感覺獨處的時候。

　　對於重度沉迷3C產品的小孩，最諷刺也令人憂心的是：事實上，

他們在獨處時特別難過。**如果孩子不懂得怎麼獨處，就會覺得寂寞，而產生麻煩的循環：因為寂寞，孩子會藉著尋找更多虛擬世界的朋友躲避寂寞的感覺。**這種模式讓你想到什麼嗎？長期成癮症顧問弗利西塔斯・沃格特（Felicitas Vogt）、我和幾個高中學生發展出一個理論，將成癮症界定為「對逃避痛苦、無聊、寂寞、靜默和自我成長產生逐漸增加的強迫傾向，並以外界刺激感取代這些感覺」。

支持孩子在網路上瘋狂加入好友、發文和想要增加追蹤者的強烈慾望，就是冒著「釋放出成癮症怪獸」來殘害孩子的風險。大型社交網路稱他們的客戶為「使用者」，吸毒的人也適用這種詞語。雖然這是巧合，但卻值得我們停下來省思，若希望孩子能享受獨處、不被這種可能會上癮的東西吸引，就必須讓他們有從3C產品中下線的時間。

 ## 網路行銷手法，將父母塑造成「愚蠢」代名詞

許多服飾和產品會在3C產品上用「理想化」或「型男正妹」推銷，這樣的情況讓父母憂心。這種誘人的推銷方式增加了消費，但卻是許多家庭負擔不起的。這些廣告隱隱約約，甚至直接或暗示孩子：除非外表像這樣，否則你就不夠好。

二○○六年在沙龍網站的訪談中，美國零售商A&F（Abercrombie & Fitch）的執行長麥克・傑弗瑞（Michael Jeffries）毫不慚愧的驚爆公司品牌行銷策略：「每所學校都有酷炫、受歡迎的小孩，還有不怎麼酷的小孩。坦白說，我們當然是鎖定酷炫的小孩了。我們會去找有吸引力、態度良好、擁有很多朋友的美國小孩。很多人不符合我們的服飾訴求，也不適合，我們會排除那些人嗎？那當然了！」

市場行銷者都知道，多層次電子媒體和社交網站可以滲透進朋友

圈，並鼓勵互相推銷產品，以便確保自己的團體比別人的團體酷。他們也知道，勾起孩子購買欲到成功銷售，中間還有孩子的父母。答案既簡單又諷刺。正如「去商業化童年」運動組織（Camping of a Commercail-Free Childhood）的蘇珊・林（Susan Linn）所說：「他們詆毀大人，然後把孩子想融入同伴、反抗權威人物的欲望當作賣點。他們不斷對孩子播放『要反抗大人才能融入同儕團體，被同伴所接受，因為大人老氣又愚蠢』這種訊息。這一代的小孩更重視品牌意識，13～17歲的青少年每週談到品牌的次數約有一百四十五次，是成人的兩倍。換句話說，這種行銷手法會導致親子間的衝突。」

 ## 完全不節制的網路世界，變成了孩子的情緒習慣主要影響者

　　只要不斷重複做某件事，它就會成為你的一部分，彷彿形成一種濾鏡，你會透過它來看自己、接收和處理外界資訊。每個家長、老師或教練都知道這點，例如：在運動場，教練會教孩子不斷重複練習同一個技巧（希望是以好玩的方式），讓它變成自動化的習慣，連想都不用想就會自動做出這些動作。同樣的，父母會一再的糾正張著嘴巴嚼食物的孩子，因為我們希望孩子有基本的餐桌禮儀，但這也是本能反應：只要不斷重複糾正，就能培養出合宜的飲食習慣。

　　完全不受節制的網路世界，所有的行為也會變成孩子社交和情緒習慣的一部分。我們產生了某種錯覺，認為孩子白天花這麼多時間在網路世界，並不會影響他們看待自己、看待這個世界的方式。然而，孩子在網路上所做的事就像在運動、在學校、在家裡的訓練一樣。但他們在訓練什麼？事實上，網路互動混和訓練了四大特質：

1. 重複性。

2. 經過獎勵和懲罰的挑戰。

3. 突破極限。

4. 自動化反應。

當孩子在虛擬世界中瀏覽時，社交、情緒和行為上的反應跟運動員在訓練中發展自動化肌肉記憶是一樣的。身為父母，我們會站在最前線，我們比其他人更常接收、忍受孩子直率的反應。我們允許孩子不斷重複做的事，會成為他們看待父母的主要方式，所以要密切注意3C產品和管教之間的關聯。**不是所有的電子世界都是壞的或邪惡的，但它的影響力很強大，如果不謹慎，讓孩子過度使用3C產品，可能替親子關係定調。**

 ## 3C產品，反而加強孩子「反擊、退縮」原始大腦模式

這跟教養有什麼關係？第一章，我們檢視了什麼因素會啟動孩子「反擊、退縮」反應，以及如何輕易觸發父母的反應。我們來看看到底是什麼因素使「反擊、退縮」反應成為習慣模式。孩子進入「反擊、退縮」模式的方式很多，覺得受到威脅時，他們可能會單純的從某個房間逃開，也可能在情緒上縮進自己的世界，而現今最普遍的方式是躲進社交媒體中。這種模式會干預面對面解決問題的技巧發展，這正是健全大腦發育和成功人生最重要的一點。孩子可以自由控制網路世界，如果不喜歡虛擬世界的交友發展，只要將不喜歡的人「移除好友」即可。嘿！轉瞬間問題就消失了。

但是，真實世界或真實的家庭中，顯然沒辦法這樣，然而孩子卻在不斷重複的「加入好友」和「刪除好友」中，強化了這種虛假的社

交程序。

因此，教養變得更加困難。如果孩子花很多時間在網路聊天室、臉書、推特、Pinterest、Instagram和各式各樣的3C產品中，彷彿具有執行長或半神的權力。這時，孩子就會發現「自己很難認同父母的權威」，因為**每天花好幾小時在私人社交娛樂屋裡面當統治者，父母的行為則是在摧毀他的權力根基、讓他苦惱，也難以想像**。我們可以想見孩子的反應：可能會不理我們、將我們從好友名單上「刪除」，甚至不跟我們說話。孩子彷彿在練習「管教的合氣道」，藉此轉移或推掉不舒服的對話，父母得加大火力才能突破難關。這種惡性循環不斷在各個家庭中上演，也是管教時產生火爆場面的主因，對任何人都沒有好處。

「益友」和「加好友」的意義混淆。有位爸爸告訴我，他在孩子的籃球比賽中無意間聽到的對話：

我跟女兒和她的幾個朋友坐在一起，女兒的兩個隊友正在討論跟父母間的問題。這很正常，但引起我注意的是，其中一個人說：「妳知道最怪的是什麼嗎？我媽竟然想加我臉書好友。」她的隊友回：「那還不是最糟的，我媽還想跟隨我的推特呢！」她們的臉扭曲起來，齊聲說：「嗯～好詭異喔！」

我們努力想了解「溫暖、友善父母」的終點在哪裡？「加孩子好友」的起點又在哪裡？而3C產品可能會造成誤解、混淆親子關係，讓人難以管教和引導他們，尤其孩子不把我們看成父母，而是怪異的同輩朋友時就會更加困難。

孩子需要的是我們站在領導者的地位，如知名作者、教育家暨棒球迷傑克·帕特拉什（Jack Petrash）所說：「若孩子知道我們在『守護本壘』，他們會信賴我們、有安全感。」或者，如家庭治療師陶德·沙爾納（Todd Sarner）對我說：「這個訊息對孩子很重要：『你在這裡很安全。你會在這個地方成長，從這裡進入外面的世界，想要

安全的避風港時，就回到這裡來。』」

　　孩子需要知道自己的位置，父母要表現得像父母，為孩子提供安全的本壘。英國發展心理學家約翰・鮑爾比博士（John Bowlby）在治療情緒障礙孩子的過程中，發現並解釋這種原始需求，稱它為「依戀理論」（Attachment Theory）。他專注研究：早年幼兒離開母親和環境適應不良兩者間的關連。他發現，孩子來到這個世界時，生理上已經預先設定對他人形成依戀感，因為這能幫助他求生存，碰到人生困境時會有人為他領航。如果孩子依戀的人物（也就是父母），在孩子覺得不安全或需要實用經驗時，不能成為他撤退的避風港，孩子就會想辦法用別的方式創造。現今的3C時代中，有這麼多社交媒體和交友網站，依戀對象就會變成3C產品，這表示「同儕和3C產品成了學習價值和尋找支持最重要的方式」。在高登・紐菲德（Gordon Neufeld）和蓋博・麥特（Gabor Maté）深具洞見的《抱緊孩子：為什麼父母要比朋友更重要》（*Hold On to Your Kids: Why Parents Need to Matter More Than Peers*，無繁體中文譯本）一書中，對「了解孩子的需要」提出新的見解。在書中，他們呼籲大眾關注這個問題：孩子太小就跟家人脫離親子關係，轉而在網路上尋找答案和人際關係，許多父母卻看成獨立自主的好徵兆，導致孩子不接受，甚至不認同父母的指引。紐菲德寫道：「社會是如此顛倒混亂，可能真的會重視孩子願意脫離親子關係的價值……很不幸的，我們沒辦法同時使用這兩種方式。幼童沒有得到適當的依戀感，父母光是想把孩子留在視線範圍內都會碰到惡夢般的狀況。」不過，他安慰我們：「就像鵝媽媽跟小鵝一樣，我們藉依戀效果讓孩子自願留在我們身邊，而不用費力驅趕他們進入家畜欄。」

太小讓孩子接觸3C產品，會破壞孩子正常發展軌跡

孩子探索世界時有四個重要階段，這是大家熟知的常態過程。在健全家庭中，幼兒和兒童會從父母或監護人那裡獲得暗示。**孩子會觀看、模仿我們做的所有小動作，再從我們的糾正中學習。**

雖然家庭影響力仍然持續著，小學環境會開始改造孩子的世界。正如有位父親告訴我：「記得女兒在餐桌上糾正我們。她引用班導的話，大聲宣布：『辛德老師說，我們應該像這樣子拿刀叉。』孩子學到了新規則，多了點自主性。」很多父母都發現新穎，甚至前衛的兒童遊樂場用語也滲進孩子的語言模式裡。

尋找個人在世界上所處的位置是第三階段，也由同儕影響力構成。這會改變孩子對音樂的品味、語言的模式、服飾和態度的選擇。

這是個典型、健康的畫面。記得我們提過孩子的轉換不像出國，會從一個階段進展到下一個階段。這些階段是逐漸累進的，但基礎都建立在家庭生活上。每一個新階段中，孩子會更進一步邁向外面的世界，但不時得從家庭本壘中重組、重振精神和重新補給。

重度沉迷3C產品時，會出現嚴重的適應不良問題，尤其當社交網路充斥在年幼的兒童之間。這個階段的孩子應該要處在家庭和小學的常態階段，結果孩子卻在年紀很小的時候就開始使用社交網路。評估網路流量的市場研究公司創市際（ComScore）估計，臉書每月在美國有一億五千三百萬的訪客，其中有三百六十萬的訪客年齡在12歲以下。所有社交網站，像是最近由迪士尼取得的兒童網路村（Togetherville）就是專門為10歲以下兒童設計，迪士尼也經營鎖定6歲左右幼童的企

鵝俱樂部。

　　如果讓年紀太小的孩子接觸社交網路，他們可能會跳過極為重要的家庭和學校影響力階段，也是原本要幫助孩子建立「如何巧妙處理同儕團體強大影響力」的能力。幼年期是由家庭塑造，接下來幾年會結合家人、父母和老師的影響力，塑造出前青春期孩子的判斷技巧和同理心。青少年若能站在這種穩固的基礎上，當他準備上傳貶損、傷害某個同學的照片到公開網站，手指懸浮在「傳送」鍵上時，堅強的心理特質（如同理心）會影響他們。

　　讓年幼的孩子接觸社交網，就像給他一把開啟大廂型車的鑰匙，希望他出門訪友後能自己安全的開回家。

孩子的心智，還無法與快速傳播、殘酷的3C產品抗衡

　　在孩子的生活中，家庭要比社交媒體更重要，否則，家庭教養的價值會被流行社交媒體取代，彷彿將孩子交由別的孩子扶養，是相當危險的。父母都希望灌輸孩子良好的道德價值觀：希望孩子變成堅強、善良和體貼他人的人。當孩子展現出小小的善心時，我們都加以肯定；當他們出現不禮貌的行為時，我們都加以糾正，建立這些基本的價值觀。這些價值觀需要父母謹慎培養，因為它的發展很緩慢，無法與快速傳播的3C產品，或殘酷無情、操控人心的市場力量競爭。父母要了解，孩子被3C產品的價值觀不斷轟炸，或許不會拒絕父母的管教和引導，但卻把這些看成跟自身無關又無聊的東西。令人諷刺的是，在這個美麗新世界裡，3C產品的地位至高無上，送孩子3C產品卻讓父母的權威破產。

孩子沒有能力，選擇對自身發展最有利的情況

　　當我們要求正在跟3C產品互動的兒童、前青春期孩子做某件事時，就是在要求他們離開幾乎全盤接納他的世界。3C產品不會批評他，或叫他做任何事。孩子才是掌權者，他創造自己的替身、編寫出自己的簡歷、把想要給虛擬世界的朋友和追隨者看到的照片傳送到網站上。按「讚」的人數增加、孩子也很高興看到追隨者回應和肯定自己在推特發表的看法與想法，也會立刻回以肯定。這是只要按下一個電腦鍵就能買下一切的世界。

　　有位沉迷英雄主義的年輕人對我說：「住在這個『低等』的世界好難，因為在我的『高等』世界裡，我是神。」我絕不訝異世界各地都設有網路成癮症營和諮詢中心，而且心理學課程和處理網路成癮症諮詢的專家課程也越來越受歡迎。**當孩子可以在少有規範或眾多規範的生活中做選擇，他們通常不會選擇對自身發展最有利的方向。**

　　管教和引導孩子時，孩子會被要求做某些事、對他們說過的話負起責任，或是某些事需要糾正。但是，當孩子習慣花好幾個小時在網路這樣自由、狂野的世界，就跟把他們從遊戲屋拖走一樣困難。無可避免，孩子會將不愉快的原因跟父母產生強烈聯想。我們會變成死神，而不是球隊教練。如果情況持續夠久，孩子會開始在身體和情緒上疏遠我們。正如依戀理論所說：當孩子逃避跟父母取得情感連結，可能無法發展出先前探討的安全本壘，引發一系列情緒和心理健康問題。

　　網路能提供表面上的安全感，但是，就連最忠誠的網路捍衛者也難爭辯說：有人能真正跟網路取得情感連結，倚賴電腦可以提供深刻、長久的情緒福利。

簡單對照網路世界與家庭生活

網路世界	家庭生活
規範很少。	很多規範。
會不停的肯定你，否則，只要快速按一個鍵就能刪除讓你不愉快的原因。	不會肯定你的每一個行為，無法「刪除」父母，「忽視」也沒辦法讓他們離開。
行為很少會產生後果。	不斷面對行為產生的後果、不斷看到自己在影響其他人。
幾乎不用對別人負長期責任。	總是要長期配合家人。

 ## 粗魯無禮的媒體訊息，不斷影響孩子自身行為

父母經常說他們對媒體呈現的無禮內容感到憂心，這些內容已經變成習慣，而且會強烈影響孩子的說話方式。有位母親貼切的形容兒子間的互動：「就像嘴上鬥劍：他們會彼此繞著對方打轉，尋找可以攻擊的空隙。」

提到電視劇中，無禮態度的壞榜樣時，父母最常用的例子是《辛普森家庭》。在美國克里夫蘭州立大學的研究理論中，艾米·布朗（Amy Brown）調查廣受歡迎的兒童節目時發現，電視劇每分鐘都會出現粗魯無禮的舉止，但在節目中很少糾正這種行為。

例如《辛普森家庭》中，一些角色的說話方式：

「哦，對，瑪姬，我想我會對妳的姊妹好一點，然後我得去擁抱幾條蛇！對！我會去擁抱親吻幾條毒蛇！」

「不，我跟70歲以下的正常人一樣，都是在網路上看新聞。再見，食古不化的傢伙。」

「家庭、宗教、朋友——想在生意上成功，就得殺死這三個魔鬼。」

「我不在乎，並不表示我不了解。」

如C‧S‧路易斯所說：「嘲諷是『為我認識的人打造一身上好的鍍金盔甲』。」如今，許多小孩都把「粗魯無禮」的習慣，當成阻擋外界壓力的方式。如果把每件事都當成笑話，就不會影響你。我輔導過的父親描述頓悟的那一刻：「當我放慢生活步調，尤其減少使用電視和電腦時，兒女彼此說話和跟我們說話時，反駁頂嘴的情況就大幅減少了。」

有的父母認為，這就是現代孩子的說話方式，這種負面互動無可避免。這個論點有其道理，因為說話模式會隨著時間和跨文化的情況轉換和改變。看四〇、五〇年代的電影時，我們會立刻注意到人們說話的方式很不一樣。顯然在某個文化或次文化中，粗魯無禮的談吐在另一個文化中不會覺得受到冒犯。有人在工作坊中提出這個觀點時，有父母回答：「對，但在任何文化中都有界限。如果孩子越過那條線，我就會這麼告訴他！」也許家庭文化也一樣，當小孩因為不懂事或態度無禮受到糾正，他答：「可是，爸爸，每個人都是這樣說話的。」父母可以這樣回答：「我了解，可是在我們家不會這樣說話。」**這麼做不是在批評別人，只是澄清，在別的地方可以，但在我們家就不行。**

引導孩子之前，必須與他們建立情感上的連結

孩子多花一個小時在電腦上，就會少花一個小時跟真實的人相處，更重要的是，少了跟家人相處的時間。「一轉眼，孩子就長大了」聽起來像是陳腔濫調，但我們都很清楚，在臨終前我們絕不會

說：「真希望以前能給孩子多一點時間看電視和打電玩。」

幾個教養專家建議：父母要先連結再引導。**適當引導孩子之前，要先跟他們取得感情上的連結。**在簡化教養和依戀教養模式中，跟孩子取得連結和情感維繫非常重要。

當我們停下來思考就會明白：如果希望孩子回應我們的引導，就得花時間跟他們建立強烈的連結。3C產品搶走了建立連結的時間，若想改善艱難的家庭生活，就改善管教和引導孩子的時刻。也就是說，我們必須保留這些時間，不被3C產品搶去。

在兒童發展的大學課程中，有位20幾歲的年輕女孩寫下這個故事：

我在一般家庭長大，電視機經常開著，也習慣用電腦。當我12歲時，爸爸碰到嚴重車禍，幾乎喪命。事實上，他已經被宣布死亡，但又活了過來。爸爸出院後宣布：「每一分鐘都要好好的過。」他回家的第一天就一拐一拐的、由我媽扶著在家裡四處走動，而且把四台電視和三台電腦全都搬到屋外，放進廂型車後面載走。爸爸能回家我已經很感激了，所以也沒說什麼，而且，看到他臉上的表情寫著「別惹我」，我也知道得保持沉默。

那天開始，一切都變了。我們沒有做什麼超令人興奮的事，也沒辦法玩太刺激的事，因為爸爸車禍受傷還沒好。屋子裡變得很安靜，我們學會跟彼此相處，沒有別的東西干擾，跟以前只是模糊的待在彼此身邊不同。現在回想起來，我可以了解電視、電腦和其他3C產品代表什麼意義，即使待在同一個屋簷下、同一個房間，我們的心卻在天南地北，相距遙遠。我毫不懷疑：現在跟父母很親近是因為爸爸決心每分鐘都要好好的過。

現在，當我去探望父母時，我會把筆電和手機留在自己的公寓。當我走進家中，我喜歡那種寧靜的感覺。我知道我們會一起聊天、看書或者單純的聚在一起，沒有別的事情干擾。我經常回去看他們，尤其是在生活有點瘋狂忙亂的時候，因為每次離家後，我就會覺得心中

更平靜、更堅強一點。當我回到自己的公寓、查看手機和電子郵件時，發覺其實也沒什麼真正重要的事，然而我知道，如果把手機帶到爸媽家中，我就會經常查看手機。我的世界有一個地方是「人類的連結比網路連結更重要」，這能幫助我了解：是不是太過沉迷電子媒體，失去了跟自我和我在乎的人的連結。（經作者同意轉載。）

電視節目中對於父母的荒謬描述，並不適合孩子觀賞

　　似乎是從電影《小鬼當家》開始，雖然還會有其他電影描寫父母跟現實脫節、膚淺、自私、天真和愚蠢，也有整部電影和家庭喜劇是用這種方式描寫父母。當然，這些節目肯定有很好笑的對話，可是透過深入關懷父母和教養的鏡頭去看，這些節目會製造很多問題。

　　也許製片群從某個孩子的觀點去描寫，有部分的真實性；也許看到成人世界是這麼放縱自我、膚淺並不是一件壞事。但問題是，我並不屬於這種「成人世界」，你也不是。讀這本書，表示你有心努力培養孩子深刻的需求，並提供養育孩子的必要規範。在幾乎人人都是作家的世界，必須有人性和意圖才能成為讀者，我們不能被孩子貼上笨蛋和脫節的標籤。有哪個家長不會疑惑和擔心他們做得不夠好？但孩子不應該知道成人世界中的自我懷疑、奮鬥、退縮和再次嘗試。這是我們的私人領域，在電視上播放、當作誇張的笑料和娛樂對孩子沒有好處。

　　事實上，允許孩子接觸這類荒謬父母的電視內容，讓我們自己看起來又蠢又呆、不了解孩子的需要，孩子可能會在心底覺得更不安，即使看節目時在笑也一樣。

當父母的地位被破壞殆盡，只會讓孩子更加徬徨無助

1. **軟弱無能**：如果孩子把父母的形象看成易受傷害、容易被操控，而且本質上軟弱無能，這會讓我們更難維持對管教引導相當重要的「威嚴」。

2. **孩子會補上領導權的空位**：如果孩子發覺父母沒有掌權，家中會出現領導真空的狀態。當孩子發覺這點時，他們會不自覺的填補空位，因為缺乏領導者讓他們不舒服，甚至害怕。然而，家中不只一個小孩的時候，問題不會就此停止，因為孩子會彼此爭奪領導者的位子。當家中領導真空時，兄弟姊妹的衝突會更深、更久。電影和電視節目把大人描述成愚蠢、天真和放縱自我，教導孩子站出來填補領導權，結果造成瘋狂派對、同儕衝突和混亂的場面，而這些場面卻被描述成既好笑又吸引人。

教養停看聽

由大衛・葛萊奇（David Gleicher）發明的「改變方程式」，把不滿當成改變的重要元素：

D x V x FS >R

D=不滿Dissatisfaction

V=視覺Vision

FS=第一步First Steps

R=抗力Resistance

（不滿 x 視覺 x 第一步，結果必須大於抗力）

理解你對3C產品的擔憂，才能真正改變家庭對3C產品的規則

我並不委婉的呈現關於使用3C產品的觀點，目的是想要找出：為什麼3C產品在許多孩子的生活中佔據中心位置？為什麼會有這麼多父母直覺感到不對勁？如果這會增加你的不安感，你不該感到絕望或產生負面想法，只是站在替家人做重大改變的邊緣。簡單來說，我們需要給自己一個理由，才能開始進行改革。

少用或不用3C產品，反而能加強家庭價值觀

內心深處的智慧會先出現，當我們遇到孩子使用3C產品的問題時，得聆聽自己的直覺：有些事不太對勁。讓「孩子花多少時間在網路上」這個問題浮上檯面，擴大這個問題的空間。在美國，8～18歲的小孩每天花約七・五個小時盯著3C產品。大部分的父母聽到這個數據都會皺起眉頭，但即使小孩沒有花這麼多時間在3C產品上，我們也應該擔心，因為這是社會前進的方向。

這麼多的社會常態受到市場行銷和電子行銷驅使，他們不斷告訴我們，這是最新常態，除非孩子半固定的掛在網路上，否則就會失去優勢，所以我們對現狀不滿的部分還有艱難的仗要打。但是，父母的直覺無法消除，我們有滿腔的熱情，我們想保護孩子、對電子媒體在家庭生活中的地位不斷成長感到憂心忡忡。最大的問題可能是，當他人讓孩子接觸這麼多不符合家庭價值的內容之前，沒有人徵詢過父母的許可。我們永遠沒辦法真正停下來做決定，因為一切似乎就這樣發生了。

當大家開始討論3C產品和教養的關係時，父母發現**「少用」**或**「完全不用」3C產品其實能加強家庭價值觀，孩子會開始聽我們的話、用更深刻和自然的方式跟父母、兄弟姊妹情感連結。**3C產品傳達很多訊息，估計全世界每年約花一・八八兆元（對，一兆以上）購買兒童產品。根據大衛・柏金漢（David Buckingham）在《衛報》的報告中顯示，市場行銷者很清楚孩子是最早接納電子和直接媒體科技的人。如果想要孩子吸收到我們培育的原則，就必須遠離電視和電腦給他們的矛盾和持續猛烈攻擊的訊息。我們要孩子長大後成為有操守、有品德的人，除了會照顧自己，也會照顧別人。3C產品只要孩

子買東西、買很多很多東西。

我們不用加入某個抗議電子媒體的示威遊行，只要允許自己去感覺「某些事不大對勁」。如果身為父母的我們能允許自己聽到這不滿的隆隆聲，就朝「找回家庭空間」跨出了一小步，但卻是意義重大的一步。在這樣的家庭空間裡，我們就不需要老是跟孩子爭鬥了。

改變的絕大因素是「認知」和「接受」自己對現況不滿。接下來，你可以變現出一個願景：讓家人的感情更親近、少用3C產品的家庭生活。最後，你就知道第一步是減少家人使用3C產品的時間。

 ## 減少3C產品的影響，能讓父母對自己的教養更有自信

有一次，我看到有趣的肉製品廣告，關於父親跟小孩的交流，而廣告中有3C產品。我記得內容是這樣：

爸爸在公司辛苦工作了一整天，回家途中，快要走近屋子時，看到裡面的燈亮著。他微笑，想到自己為了讓孩子得以溫飽，在殘酷的世界裡辛勤工作了一天，回到家能看到孩子，心裡就覺得很高興。爸爸打開門，大喊他回來了，結果沒有人回答。他走進屋裡，看到三個小孩都在家，各自盯著自己的3C產品螢幕、戴著耳機，他們咕噥一聲或心不在焉的跟爸爸打招呼，說聲「嗨」，眼睛仍緊盯著螢幕。爸爸一臉沮喪的站在那裡、看著自己的家人……後來，他想到了一個辦法。爸爸走到地下室，把電源總開關關掉，整間屋子都沒有電了、螢幕變成一片漆黑。他聽到失望的哀號聲，孩子以為全鎮都停電了。

接下來的場景轉到爸爸跟全家人快樂的在烤肉（熱狗就在這裡盛大登場），孩子彼此有說有笑，爸爸則滿臉笑容的幫孩子烤肉（這裡

出現熱狗的特寫）。每個人都笑得很開心，這裡沒有電視、電腦或手機，一切都進行得很順利，直到最小的8歲兒子問：「嘿！爸爸，如果到處都停電了，為什麼鄰居的燈還亮著？」全家人突然愣住，每個人都望向鄰居家，這才發覺爸爸的說詞有點不太對。不過笑聲很快又恢復了，他們就是不想讓快樂時光結束。

一對夫婦寫道：「我們以前真的很自責，覺得沒有把家顧好，開始互相指責對方，使我們的關係非常緊繃。」後來，他們發覺孩子充滿敵意、心不在焉和粗魯無禮的舉止都是因為接觸3C產品。他們大幅減少孩子使用3C產品的時間之後，發現：「孩子在網路上學到的怪東西，對他們都有強大的影響力，是那股力量把我們都趕出去了。」這對夫妻在結尾時說：「現在雖然不是很完美，但我們對孩子的教養能力更有自信，夫妻間和親子間也更加親近了。」

我們可以理解：以現代社會前進的方向來說，許多父母相信智慧型手機、平板電腦、電視和電腦已經成為孩子和青少年生活中不可或缺的一部分。但我很高興的報告這點：當我在各地旅行時，見過許多來自各種處境的父母，他們對3C產品佔據了家庭生活各個層面的主要影響力，心裡也有強烈又深刻的感想。為了孩子的心靈、心智和靈魂，一定要盡全力馴服這隻電子怪獸。

健全、靈活的教養方式，
才能隨時因應孩子的不同變化　結語

　　我們沒辦法將養育、持家方式跟外界其他巨大影響力分開。若教養有能力讓我們對領導者、全球大事，多一點好奇、少一點質問，會怎麼樣呢？最重要的是：每天教養孩子發展出來的簡單思維架構，能幫助我們看清外人來自何處，而不會因為他們的觀點不同就不安甚至厭惡。我們想要養出能改善世界環境的孩子，但扶養孩子的方式能幫助他們和我們成為更寬容的人，少用兩極化的方式批判別人嗎？

　　本書的教養方式尋求用健全、靈活的方式處理養育時所遇到的各種挑戰。它不會發展出單一、培育良好或僵化不變的教養和管教觀點，也不會排除其他觀點。

　　那麼，管教的觀點跟時下大社會、政治局面有什麼關係呢？在正面心理學中，有人嘗試超越與日俱增的左右兩派政治分歧，這兩派在現代社會分裂得太嚴重，摧毀性太大。強納森・海德特（Jonathan Haidt）在《好人總是自以為是：政治與宗教如何將我們四分五裂》書中的觀點很重要，他表示：不把自以為是的人看成思想落後、心胸狹窄，反而更深入談論這個觀點。一般來說，這些人只是在原則上偏向「地方色彩」，但價值觀的最上層是家庭、法律和貼近家庭的議題。大多政治左派人士並不像「重視全球議題」和偏向「統一論」的無政府主義者，而是寧願在社會上尋找「急迫」、「無系統」的決定方式。對我來說，即使是中立派議員也是「地方主義者」，因為他們感興趣的事物或許能超越地方，但很難全心專注在全球議題。地方主義者偏愛某種程度的組織架構，但也願意聆聽左右兩派的辯論之後再做決定。

「回聲室」可以用來形容我們喜歡跟社會上的團體、地方，甚至小鎮緊密結合，因為在那裡可以聽到相同意見。然而，這會導致兩極化結果：更嚴重的緊張局勢、狹隘定義和支持各自信仰制度。在教養書中提到政治會覺得很奇怪，但這本書的管教方法清楚說明：父母有時候需要在監督者（地方議員）、栽培者（地方主義者）和引導者（統一論者）之間轉換角色。換句話說，孩子可能需要父母當個地方議員，把他拉進規範裡。這樣做並不是僵化、單一的世界觀，而是孩子需要這種形式的規範和扶持。但是，有時候當地方議員，甚至是地方主義者會產生問題，因為孩子已經準備好、需要更偏向統一主義者的引導和自由，以便看看他們有哪些新的能力。

在家庭內外使用這種敏銳的靈活力行事，或許有時候被炒熱的地方議題勝過對國家或全球問題的關注；然而，在另一個決定的叉路上，可能又是相反的情況。但是，**在這種靈活環境下成長的孩子，會以微妙的方式吸收本質上健全、平衡的態度。長大成人後，成為強大的正面影響力，更透過孩子，影響全世界。**

運用本書的教養法，內在和外在態度都會轉變、增加靈活性，甚至在面對孩子強烈反抗時，也能靈活應用。我們會發展出更精巧的能力，知道需要做什麼，而不會把焦點放在僵化的信念上。我真誠的希望《華德福簡單教養練習書》不僅能管教孩子，也能引導父母，讓心智變得更開明，心靈反應更靈敏。

謝詞

誠摯感謝《華德福簡單教養練習書》企劃團隊，他們致力於謙卑又激勵人心的領導。

感謝許多人在我訪問他們的社區時，組織工作坊、無私的提供場地，讓親愛的父母能和我會面、分享、互相憐惜和慶祝教養工作。

感謝親愛的迪瓦娜，她開啟一道清明又忠誠的光亮，指引我們的方向。

感謝我孩子的奶奶阿穆絲，她讓我們看見人生中有靈性和精神生活的簡單美。

給我孩子的爺爺哈利，他在本書寫成時去世，在寫作期間，即使正承受病痛之苦，仍微笑著問這本書寫得如何了。

特別感謝路易斯‧佛南多‧洛沙，他敏銳、優雅的生花妙筆和耐心回饋，協助我們塑造了這本書。

當然，還要感謝凱瑟琳，我生命中的摯愛，以及喬安娜和蘇菲拉，她們是我倆生命中的最愛。

附錄 1 寫下你的家庭核心價值，建立你的 教養藍圖

　　時時刻刻檢視你的家庭核心價值，就能在孩子失控時，用堅定的態度來糾正，讓孩子找回自我定位、不再迷茫。請寫下你想要維持的家庭核心價值，創造你對孩子的教養藍圖！

　　我希望，我的家庭是：

1. _____

2. _____

3. _____

4. _____

5. _____

6. _____

附錄 2 孩子失控時，檢視目前的家庭環境，理解孩子的壓力來源

　　教養是一段緩慢的過程。當我們用心去理解孩子的身心變化，以及外在世界對孩子的壓力，就能讓我們回歸教養的初心，找到當下最適合孩子的教養方法。教養不是是非題，而是根據孩子年齡、反應所作的簡答題。仔細閱讀下方的問題、提筆寫下孩子目前的狀況，你就能慢慢抽絲剝繭找到困擾孩子的細節，並且給予健全、適當的支持與陪伴。

＊孩子的年齡：

＊孩子哪裡出了狀況：

＊觀察周遭環境後，孩子是否壓力過大或是正在尋求我們的幫助：

＊依你的觀察，是否應該縮緊對孩子的掌控，回歸緊密的教養狀態：

＊我們可以運用哪些教養方式來改善？

＊實施後，孩子的狀況是否有改善？

華德福全人教育系列 經典圖書

根據孩子的能力發展，用最貼近自然的方式，提供最豐富、完整的感官教育

《童年》

卡洛琳·馮·海德布蘭德 著／謝維玲 譯／徐明佑 審定

★風、火、水、土，從四種氣質，探索孩子的內在靈性心魂

孩子需要我們提供適當的輔助與引導，也需要我們用欣賞的眼光看待他們的真實內在，才能健康成長：靈活卻沒有耐心的風向孩子、敏感而容易受傷的土向孩子、強悍而脾氣暴烈的火向孩子、溫柔但行動緩慢的水向孩子。全球第一所華德福學校教師彙集20年教學經驗，帶我們了解孩子的四種內在氣質、提供充滿活力與藝術性的教學方式，讓孩子的心靈不會因為乏味的學習而枯竭。

《故事是教養的魔法棒》

蘇珊·佩羅 著／張書瑜 譯

★華德福3～8歲幼兒教養經典指南

★80個故事，輕鬆查閱面臨孩子行為問題、人際關係問題、成長挑戰的解答故事

孩子介於想像與現實之間，他們輕易的穿梭於兩個世界，也因此，當我們運用故事的力量與孩子溝通時，比起說理與責罵更有成效。澳洲華德福資深教師，也被稱為「故事醫生」的蘇珊·佩羅，累積30多年教學經驗與故事創作經驗，寫下了華德福經典教養指南──《故事是教養的魔法棒》，替那些因為孩子行為問題所苦惱的家長，建立了一座溝通橋梁。

《照亮黑夜的故事》（預計2022年7月出版）

蘇珊·佩羅 著／謝維玲 譯

★100多個故事，帶我們陪孩子一起度過失落與悲傷

不論大人或孩子，我們都必須學會如何面對失去親人、寵物、心愛物品……但是當家中真的面臨這些困境時，卻常常無法跟孩子開口、無法陪伴他們一起走出傷痛。華德福經典教養書《故事是教養的魔法棒》作者蘇珊·佩羅，收集、創作超過100個故事，帶領家長們一起學會如何用故事陪伴孩子面對失落的淚水。

《華德福經典遊戲書》

金·約翰·培恩 著／華德福媽媽 姜佳妤（小魚媽）、李宜珊 譯

★身體大小肌肉運用、團隊合作、創造力、想像力，華德福經典遊戲全解讀

清晰的圖像、實用的活動分享，並且讓讀者與回憶對話，勾勒出孩子的遊戲。作者慷慨提供超過230個經典遊戲規畫，並且依照孩子年齡層，讓不論老師、家長、共學團體、教育者……都能根據孩子的成長狀態，提供最完善、合適的遊戲。這不只是一本提供遊戲規畫的書籍，更是讓所有大人小孩，都能尋回生活中歇息、暫停的那枚生命休止符。

《華德福教育的本質》（華德福100週年紀念版）

魯道夫‧史代納 著／李宜珊 譯／成虹飛 審定

★身、心、靈全方位教育，給予孩子完整、富含靈性的生命之旅

　　幼小的孩子還是個小小的、笨拙的生物，他們就像一袋麵粉，你在上面壓了什麼圖案，就會保有什麼模樣。但是，當孩子開始換牙時，開始升起的好奇心與注意力，便是我們轉變自己，配合孩子獨特的內在，決定「我們該教他們什麼」的時刻。華德福教育創始人——魯道夫‧史代納博士在書中完整探討幼兒至兒童的身心靈發展歷程，精準描述兒童在算數、語言、音樂，透過圖像的學習概念。

《如詩般的植物課》（華德福教學引導1）

查爾斯‧科瓦奇 著／新竹人智學會 譯

★貼近孩子心智發展歷程，華德福教育工作者必備教學引導經典

　　當我們將植物的種類比擬為孩子的成長，將蕈類比為嬰兒時期、藻類比為學步期、單子葉植物是小學一年級等等，認識植物的過程不再是一段僵硬的知識，而是一段與大地之母、太陽之父的親密連結。《如詩般的植物課》讓我們看見華德福教育如何帶領孩子認識人與植物、人與世界的愛與美、感受與連結。從最貼近我們情感的地方開始學起，由內心深處透出對世界的關懷。

《如詩般的動物課》（華德福教學引導2）

查爾斯‧科瓦奇 著／新竹人智學會 譯

★將動物比擬為人類身軀型態，從情感連結重新認識自然界

　　學習動物的過程中，如果僅僅介紹各個動物的外貌特徵與習性、分布狀況，便喪失了與這些動物的情感連結，讓我們失去對自然界的同理與關懷，以及身在自然界的責任與意義。《如詩般的動物課》運用最美的類比，帶領我們從不同的角度看見動物世界。因為動物並不僅僅是生物學上的分類，而是與我們共同生存於這片土地、不可缺少的一分子。

《人體的運作美學》（華德福教學引導3）

查爾斯‧科瓦奇 著／陳柔含 譯

★將人體比擬為靈魂的樂器，用最貼近自然的角度，探索人類生命的智慧

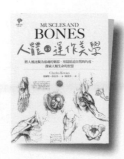

　　當我們將靈魂視為一位音樂家，將頭部、四肢等視為靈魂的樂器，生命便成了靈魂所演奏出最和諧的樂章；當我們從更深的角度欣賞令人驚奇且精緻的人體結構，肌肉與骨骼便成了自然界最精緻、美妙的工程藝術。《人體的運作美學》帶我們從藝術與自然的角度學習人體結構，讓認識人體的過程不再是一門冷冰冰的科學，而是一場探索生命全貌與人體智慧的藝術之旅。

華德福簡單教養練習書

（初版書名為《簡單教養經》、二版書名為《華德福慢養教育》）

作者：金・約翰・培恩（Kim John Payne）｜譯者：舒靈

小樹文化股份有限公司

總編輯：蔡麗真｜副總編輯：謝怡文｜責任編輯：謝怡文｜校對：魏秋綢
封面設計：周家瑤｜內文排版：菩薩蠻數位文化有限公司
行銷企劃經理：林麗紅｜行銷企劃：蔡逸萱、李映柔

發　　行：遠足文化事業股份有限公司(讀書共和國出版集團)
　　　　　地址：231新北市新店區民權路108-2號9樓
　　　　　電話：(02) 2218-1417｜傳真：(02) 8667-1065
　　　　　客服專線：0800-221029｜電子信箱：service@bookrep.com.tw
　　　　　郵撥帳號：19504465遠足文化事業股份有限公司
　　　　　團體訂購另有優惠，請洽業務部：(02) 2218-1417分機1124

法律顧問：華洋法律事務所 蘇文生律師
出版日期：2017年3月10日初版首刷
　　　　　2018年8月15日二版首刷
　　　　　2022年2月23日三版首刷
　　　　　2024年1月23日三版 2 刷

ISBN 978-957-0487-78-7（平裝）
ISBN 978-957-0487-79-4（EPUB）
ISBN 978-957-0487-80-0（PDF）

＊特別聲明：有關本書中的言論內容，不代表本公司/出版集團之立場與意見，文責由作者自行承擔

國家圖書館出版品預行編目(CIP)資料

華德福簡單教養練習書／金・約翰・培恩（Kim John
Payne）著；舒靈　譯--三版--新北市：小樹文化股份有
限公司出版；遠足文化事業股份有限公司發行, 2022.02
面；　公分
譯自：The soul of discipline : the simplicity parenting
approach to warm, firm, and calm guidance-from toddlers
to teens
ISBN 978-957-0487-78-7（平裝）
1.親職教育　2.子女教育
528.2　　　　　　　　　　　　　　　110022768

THE SOUL OF DISCIPLINE: THE SIMPLICITY
PARENTING APPROACH TO WARM, FIRM, AND CALM
GUIDANCE - FROM TODDLERS TO TEENS by KIM
JOHN PAYNE, EDITED BY MARNIE COCHRAN
© 2015 by KIM JOHN PAYNE
This edition arranged with CAROL MANN AGENCY through
BIG APPLE AGENCY, INC., LABUAN, MALAYSIA.
Traditional Chinese edition ©2022 Little Trees Press

線上讀者回函專用QR CODE
您的寶貴意見，將是我們進步的最大動力。

立即關注小樹文化官網
好書訊息不漏接。